철학자의 도구상자

철학자의 도구상자

**삶의
무기가 되는
20가지
생각법**

최훈 지음

사월의책

철학자의 도구상자

1판 1쇄 발행 2025년 9월 10일

지은이 최훈
펴낸이 안희곤
펴낸곳 사월의책

편집 박동수
디자인 김현진

등록번호 2009년 8월 20일 제2012-118호
주소 경기도 고양시 일산서구 중앙로 1388 동관 B113호
전화 031)912-9491 | 팩스 031)913-9491
이메일 aprilbooks@aprilbooks.net
홈페이지 www.aprilbooks.net
블로그 blog.naver.com/aprilbooks

ISBN 979-11-92092-59-1 03100

* 책값은 뒤표지에 있습니다.

차례

1 시작하며:
철학자는 과학자와 어떻게 다르게 생각하는가?　7

1부 철학자의 생각법

2 사변 vs 논증　21

3 회의　31

4 상식 또는 직관　41

5 개념 분석　55

6 소크라테스의 문답법　67

7 사고 실험　83

8 자연주의　93

9 반성적 평형　105

10 철학사의 이용　119

2부 철학자의 논증법

11 선결문제 요구의 오류　133

12 귀류법　143

13 반례와 반증　157

14 미끄러운 비탈길 171

15 유비 185

16 일관성 199

17 딜레마 211

18 오컴의 면도날: 단순성의 원리 225

19 애매어 237

20 최선의 설명으로의 추론 253

21 연역과 귀납 267

1. 시작하며:
철학자는 과학자와 어떻게 다르게 생각하는가?

여러 가지 철학 공부법

철학을 공부하는 방법은 몇 가지가 있다. 첫째는 철학사를 공부하는 것이다. 서양이든 동양이든 철학의 역사는 2500년이 넘는데, 그 오랫동안 선배 철학자들이 철학적인 주제에 관해 어떻게 생각했는지 들여다보는 것이다. 다른 학문은 그 학문의 연구사를 공부하는 것이 학문을 본격적으로 공부하는 것은 아니다. 예를 들어 과학사는 과학이 아니다. 그러나 철학사는 곧 철학이다. (왜 그런지는 10장에서 자세히 설명했다.)

둘째는 철학의 여러 주제들을 공부하는 것이다. 형이상학, 인식론, 윤리학 따위의 철학의 분과에는 철학자들이 논의하는 여러 주제들이 있다. 그 주제들의 논쟁에 직접 참여해 보는 것이다. 철학자 이름은 굳이 몰라도 좋다.

이 두 가지가 전통적인 철학 공부 방법이다. 도서관 또는 서점에 있는 철학 입문서는 대체로 위와 같은 형식이다. 최근에는 영화나 미술 등 대중문화에서 철학적 주제를 읽어 내는 방식의 책들도 있다. 철학 주제는 추상적이다 보니 구체적인 예, 특히 시각적이고 영상적인 예를 통해 접근하는 것은 철학을 쉽게 접할 수 있는 방법이다. 그러나 영화나 미술은 철학에 접근하는 통로이고, 이 접근법에서도 그 소재를 통해 철학사를 공부하거나 철학 주제를 공부한다.

철학자의 도구

나는 이 책에서 이와는 좀 다른 방식을 사용하려고 한다. 그것은 철학자들이 '생각하는 방법'을 소개하는 것이다. 다시 말해 철학의 방법론을 중심으로 철학을 풀어 나가려고 한다. 철학사를 공부하는 것은 철학자들이 예전부터 만들어 놓은 건축물들을 들여다보는 것에 비유할 수 있다. 철학 주제를 공부하는 것은 철학자들이 건축물을 어떻게 짓는지를 그리고 어떻게 지어야 하는지 토론하는 것을 옆에서 지켜보는 것에 비유할 수 있을까? 그렇다면 철학자의 생각법 또는 방법론을 공부하는 것은 철학자들이 쓰는 연장, 곧 도구를 구경하고 그 사용법을 배워 보는 것이다.

철학자들이 만들어 놓은 건축물을 보거나 철학자들이 집 짓는 것을 구경하기 위해 철학을 공부하는 사람도 있을 것이다. 그래도 집을 짓는 데 직접 참여하는 목적이 있는 사람도 있을 것이고, 그리고 그편이 더 재미있을 것 같다. 그러기 위해서는 도구 사용법을 잘 알아야 하지 않을까? 철학의 방법론은 집 짓는 도구뿐만 아니라 무기에 비유할 수도 있다. 그러면 이 책의 제목은 『철학자의 도구상자』가 아니라 『철학자의 무기고』가 될 것이다. 그러나 전쟁보다 평화를 사랑하는 마음에는 무엇인가를 파괴하는 무기보다 건설하는 도구가 더 적절한 비유일 테고, 더 중요하게는 철학의 토론은 상대를 이기는 게 아니라 협력하여 더 좋은 이론을 만들려는 것이 목적이므로 도구가 적절한 비유일 것이다. 그래도 누군가에게는 삶의 무기가 될 것이다.

철학의 원조

철학자의 생각법을 소개한다고 했지만, 철학자들의 생각법이 일치된 것은 아니다. 100명의 철학자가 있으면 100명의 철학이 있다고 할 정도로 철학이 무엇인지에 관해 철학자들의 생각이 다 다르다. 아직 초기 단계의 학문이어서 그런 것은 아니고 (역사가 얼마인데!) 철학이 무엇인지 묻는 것 자체가 철학적 주제여서 그렇다. 그렇다고 해서 여기서 철학자 최훈의 생각법을 소개할 수도 없는 노릇이다.

철학자들이 어느 정도 합의하고 함께 사용하는 방법론을 풀어 나가야 할 것이다. 그러기 위해서는 철학의 역사로 돌아가 보는 것이 가장 좋은 방법이다. 막힐 때는 근본으로 돌아가라. 중구난방인 현대 철학자들 사이에서 무엇인가를 찾기보다 철학이 시작되어 이어져 온 역사에 이른바 '원조'가 있을 것 같다.

철학의 시조는 기원전 6세기 무렵 그리스의 탈레스이다. 탈레스가 남긴 말이라고는 "세상은 물로 이루어져 있다."밖에 없지만, 어쨌든 철학을 처음 시작한 사람으로 알려져 있다. 그 이후 무슨 무슨 '스'로 끝나는 사람들이 "세상은 무엇무엇으로 이루어져 있다."라고 한마디씩 한다. 이 철학자들을 자연을 탐구 대상으로 했다고 해서 '자연 철학자'라고 부른다.

자연 철학은 과학?

지금 생각하면 이들은 과학자이다. 다만 관찰이나 실험과 같은 체계적인 과학 방법론이 정립되지 않았기에 순전히 눈에 보이는 것과 추론으로 자연이 무엇으로 이루어졌는지 말을 남겼을 뿐이다. 예컨대 탈레스가 만물의 근원이 물이라고 주장한 것은, 추측이지만, 뭔가 축축한 것이 생명의 근원이라고 생각했기 때문이다. 세상의 70%가 물이라고 하지만 모든 것이 물인 것은 아니다. 설령 모든 것이 물로 되어 있다고 하더라도 지금의 과학자들은 탈레스의 주장을 인정하지 않을 것이다. 과학적인 방법을 사용한 것이 아니기 때문이다. 자연 철학자 중 한 명인 데모크리토스는 만물은 원자(아톰)로 이루어졌다고, 현대 과학의 시각에서 꽤 그럴듯한 말을 했지만 그를 과학자로 인정할 수 없는 것도 마찬가지 이유이다.

'과학'이라는 말은 19세기에 휴얼이 제안한 이후에야 등장했으니 '자연 철학'이라는 말이 꽤 오래 쓰였다. 보통 『프린키피아』(1687)라고 부르는 뉴턴의 유명한 저서의 정식 이름은 『자연 철학의 수학적 원리』이다. 그러니까 뉴턴 당시에도 과학자들은 과학(자연 철학)이 철학과 다른 학문이라는 것을 이미 알고 있었지만, 과학이라는 말이 따로 없으니 자연 철학이라고 했을 뿐이다. 이때 '철학'은 '학문'의 뜻임을 쉽게 짐작할 수 있을 것이다.

> [꿀팁] 철학이 학문을 뜻하는 흔적은 지금도 'Ph.D.'라는 말에 남아 있다. 학문 영역에서 박사를 받았다는 뜻이다. 그럼 학문을 하지 않고 박사를 받는 사람도 있나? M.D.(의학 박사)나 D.D.(신학 박사)처럼 전문 직업을 보증하는 박사가 그것이다.

점점 줄어드는 철학의 영역

자연 철학이 자연을 대상으로 하는 학문이라고 했는데, 자연을 대상으로 하지 않으면 무엇을 대상으로 한다는 말인가? 바로 인간이다. 소피스트 이후 (좁은 의미의) 철학은 관심을 인간으로 돌린다. 이때부터 인간은 오랫동안 철학의 연구 영역이었다가 그마저도 점점 철학에서 떨어져 나간다. 인간의 심리에 관한 연구와 인간이 모인 집단, 곧 사회에 관한 연구가 떨어져 나간다.

서양 근세 철학의 이성론[합리론]과 경험론의 논쟁은 인간의 지식의 근원이 이성에 있는가 경험에 있는가의 싸움이다. 그러나 현대 철학자들은 더 이상 이 논쟁을 하지 않는다. (물론 철학사로서 연구는 활발히 한다.) 그것은 심리학 또는 언어학의 영역으로 넘어갔기 때문이다. 사회학의 아버지는 19세기의 오귀스트 콩트라고 한다. 그러면 콩트 이전에는 사회를 대상으로 연구를 하지 않았는가?

심리학과 사회학 이전에 철학자들도 인간의 심리와 사회를 주제로 연구했다. 다만 실증적 방법을 쓰지 않았을 뿐이다. 심리학과 사회학이 철학에서 독립된 학문이 되고 신뢰도를 얻게 된 것은 실험이나 관찰과 같은 과학의 경험적 방법을 도입했기 때문이다.

안락의자 철학자

그러면 철학자들은 그 전에 어떤 방법을 썼다는 말인가? 사변을 이용했다. '사변'이라고 하니까 뭔가 거창해 보이지만 가만히 앉아서 생각하는 것이다. '사변'은 부정적인 뜻이 많다. 사변에 해당하는 영어는 speculation인데, 이것은 생각이나 추측의 뜻도 있지만 '투기(投機)'의 뜻도 있다. 인간의 심리나 사회를 직접 들여다보지 않고 의자에 앉아서 그냥 '막 던져보는' 것이다. 그러다가 데모크리토스처럼 우연히 맞추기도 한다.

명탐정 셜록 홈스는 처음 보는 사람이라도 그 사람의 직업이나 성격을 알아맞히는 재능이 있다. 이것을 신기해하는 왓슨에게 자기는 발품을 팔아 증거를 모았기에 그게 가능하다고 말하면서, 자기와 비교되는 형 이야기를 한다. 형 마이크로소프트는 자기보다 훨씬 명석한 두뇌의 소유자이지만, "안락의자에 앉아 골똘히 생각만 하는" 사람이고, "머릿속에서 푼 문제를 두고 발품을 팔아 실제로 확인해 보려고 하지도 않"는 사람이다(코난 도일, 「그리스어 통역관」). 당연한 말이지만 이런 사람은 절대 명탐정이 될 수 없다.

철학자의 뇌피셜

철학자는 셜록이 아니라 마이크로소프트와 같은 사람이다. 시쳇말로 하면 '뇌피셜'을 쓰는 사람이다. 홉스가 말한 "안락의자"의 영어인 armchair에도 실제로는 잘 모르면서 탁상공론을 한다는 뜻이 있다. 뇌피셜이든 안락의자든 철학자에게는 굴욕적인 말이다. 그래도 그게 철학이다. 철학은 본디부터 "안락의자 철학"이었다. 그 덕에 자연에 대한 탐구와 심리나 사회에 대한 탐구는 다른 학문에 내주었지만, 여전히 철학이 탐구할 주제는 많이 있고 거기서 철학의 방법론이 강점을 발휘한다. 그 방법론이 무엇일까? 그것을 앞으로 풀어 보려고 한다.

참, 방법론에서 철학과 가장 가까운 학문은 같은 인문학에 속하는 문학이나 역사학이 아니라 수학이다. 문학자나 역사학자는 안락의자에 앉아서만 일할 수 없다. 문학 작품과 사료(史料)가 있어야 한다. 철학자와 수학자는 안락의자만 있으면 된다. 그래도 수학자는 연필과 종이 그리고 쓰레기통이 있어야겠지만, 철학자는 그것도 필요 없다. 가성비가 가장 좋은 학문이다.

철학 논증 연습하기

이 책은 네이버 프리미엄 콘텐츠에 "최훈 교수와 함께 철학하기"라는 제목으로 연재한 내용을 바탕으로 한다. 도구상자는 '철학자의 생각법'과 '철학자의 논증법' 두 상자로 이루어져 있다. '철학자의

'생각법'은 철학적 문제에 어떻게 접근할 것인가에 대한 방법론적 태도이고, '철학자의 논증법'은 철학적 주장을 정당화하고 비판하는 구체적 추론 기법이다. 전자가 거시적 전략이라면 후자는 미시적 기술이라고 할 수 있겠다. '철학자의 논증법'에 나오는 도구들은 철학에서만 쓰는 것들은 아니다. 그리고 기존의 논리학 교과서에서도 이미 소개되는 것들이다. 다만 그 책들이 일상적인 예를 드는 것과 달리 이 책에서는 철학자들이 실제 쓰는 예를 들었다.

각 장의 마지막에서는 '철학 익힘'이라는 이름으로 시험 문제 형태로 제시된 철학 논증을 맛보려고 한다. 논리적 사고력 검사 목적으로 시행되는 법학적성시험(LEET), 공직적격성시험(PSAT), 의·치학교육입문검사(MEET/DEET), 대학수학능력시험(수능) 등이 그것이다. 이 책을 수험서로 사용하라는 의도는 아니다. 이 책은 철학자들의 사고법과 논증법을 알려주는 데 목적이 있는데, 정제된 형태의 철학 논증을 우리 주변에서 가장 쉽게 찾아볼 수 있는 곳이 그런 시험의 지문이기 때문이다. 더구나 6장에서 살펴보겠지만 물음을 던지고 답변을 하는 것이 철학자들의 전통적이고 전형적인 사고방식이기도 하니, 문제 형태로 풀어 보는 것도 철학적 사고를 연습하는 한 가지 방법이라고 생각했기 때문이다. 기출 문항을 직접 보여주고 해설도 했지만, 관련된 문항이 어떤 것이 있는지 소개만 하기도 했으니 검색해 보면 도움이 되리라. (이하 본문에 있는 * 표시는 각 장 말미의 '철학 익힘'에서 다루어지는 관련된 문항 소개를 가리킨다.)

철학 익힘

문제. 〈보기〉에 나오는 정의에 비추어 볼 때, 주장들 사이의 관계를 잘못 설명하고 있는 것은?

과학 탐구에 실험이 본격적으로 채용된 것은 근대 이후이다. 특히 ㉠현대에 이르러 실험을 위한 각종 도구는 어느 과학자에게나 매우 중요한 역할을 하고 있다. 이런 상황에 비추어 볼 때, 실험에 대한 근대 이전 자연 철학자의 태도가 어떠했는지를 알아보는 것은 흥미로운 일이다.

㉡고대 그리스의 자연 철학자들은 모두 실험을 자연 탐구의 정당한 수단으로 여기지 않았다. ㉢이러한 인식은 중세에도 지속되었지만, 로저 베이컨과 그로스테스트와 같이 예외적으로 실험을 강조한 이도 있었다. 하지만 르네상스 시기에 이르기까지 실험은 대체로 과학 활동과 거리가 먼 것이었다. 그것은 연금술사의 은밀한 사술에 지나지 않았다.

그러면 고·중세의 자연 철학자들이 실험을 과학 활동에 채용하지 않은 이유는 무엇일까? 그것은 주로 인식적 이유 때문이었다. ㉣고·중세 시대의 자연 철학은 언제나 '사변'에 의지한 것이었다. 당시의 자연 철학자들은 순수한 정신적 작업을 통해서 자연의 본성과 질서를 파악할 수 있으리라 기대했다. 그러한 태도는 고대 그리스의 자연 철학자들로부터 유래되어 중세까지 유지되었다. ㉤인공적 도구를 써서 자연에 조작을 가할 경우 자연의 참모습을 왜곡한다고 보았기 때문이다.

〈보기〉

두 주장 A와 B가 '비일관적'이라는 말은 A와 B가 동시에 참일 수 없다는 의미이다. A와 B가 비일관적이지 않을 경우, 우리는 그 두 주장이 '일관적'이라고 말한다.

① "현대의 과학자들에게 실험 도구는 아무런 역할도 하지 않는다"는 주장은 ㉠과 비일관적이다.
② "고대 그리스의 자연 철학자인 탈레스는 실험을 자연 탐구의 정당한 수단으로 여겼다"는 주장은 ㉡과 비일관적이다.
③ "중세의 자연 철학자들 가운데는 실험을 자연 탐구의 정당한 수단으로 여긴 사람도 있다"는 주장은 ㉢과 일관적이다.
④ "현대의 과학 철학은 사변에 의지하고 있는 것이 아니다"라는 주장은 ㉣과 일관적이다.
⑤ "인공적 도구를 써서 자연에 조작을 가하지 않았는데도 자연의 참모습을 왜곡하는 경우가 있다"는 주장은 ㉤과 비일관적이다.

(2008 PSAT 언어논리영역 18번)

철학 내용을 담고 있는 지문은 아니다. 그래도 본문에서 고대 그리스 이후 오랫동안 (넓은 의미의) 철학에서 실험적 방법이 쓰이지 않았다고 말했는데, 그 이유를 말해 주고 있어 1장의 문항으로 뽑아 봤다. 〈보기〉에서 동시에 참일 수 없을 때 '비일관적'이라고 정의했다. 따라서 동시에 참일 수 있는지 없는지 살펴보면 된다.

① "매우 중요한 역할을 한다"와 "아무런 역할도 하지 않는다"는

동시에 참일 수 없다. 따라서 비일관적이다.

② "정당한 수단으로 여기지 않았다"와 "정당한 수단으로 여겼다"는 동시에 참일 수 없으니 비일관적이다.

③ "예외적으로 실험을 강조한 이도 있었다"와 "실험을 자연 탐구의 정당한 수단으로 여긴 사람도 있다"는 동시에 참일 수 있다. 따라서 일관적이다.

④ ㉣은 고·중세 시대에 대한 진술이므로 "현대의 과학 철학은 사변에 의지하고 있는 것이 아니다"라는 주장과는 무관하다. 그러므로 동시에 참일 수 있고 일관적이다.

⑤ ㉤은 조작하면 왜곡한다는 것인데, 이것은 조작하지 않았는데도 왜곡되는 경우를 부정하지 않는다. 따라서 이것은 "인공적 도구를 써서 자연에 조작을 가하지 않았는데도 자연의 참모습을 왜곡하는 경우가 있다"라는 주장과 동시에 참일 수 있다. 따라서 이 주장이 ㉤과 비일관적이라는 것은 잘못된 설명이다.

정답은 ⑤이다.

1부

철학자의 생각법

2. 사변 vs 논증

모든 철학 논쟁에서 이길 수 있는 한마디

앞 장에서 과학자와 대비되는 철학자의 특별한 생각법으로 사변을 말했다. 과학자가 쓰는 관찰 또는 실험과 대비되는 의미로 사변을 말했지만, 사실 사변은 철학자의 생각법으로 정확한 것은 아니다. 사변은 막 던지는 생각이다. 그러나 철학자는 아무 생각이나 막 던지지 않는다. 근거를 갖춰 논증을 제시한다.

철학자와 관련된 농담이 있다. 어떤 철학자가 꿈에서 플라톤을 만났다. 플라톤에게 당신의 철학을 5분 만에 요약해 달라고 했더니 플라톤이 열심히 설명했다. 이 철학자가 뭐라고 한마디 하자 플라톤은 머리를 긁적이며 도망갔다. 이번에는 칸트를 만났다. 역시 칸트도 자신의 철학을 5분 동안 열심히 설명했다. 이 철학자가 또 한마디 하자 칸트 역시 멋쩍어하며 도망갔다. 이 철학자는 어떤 철학자를 만나도 논쟁에서 이길 수 있는 한마디를 발견했다고 기뻐하며 잊어버리지 않으려고 얼른 일어나 메모를 한 다음에 다시 잤다. 아침에 깨어 그 메모를 보니 "그건 네 생각이지."였다.

근거를 갖춘 논증

과학자라면 꿈에서 만났을 때 아마 증거를 보여 주었을 것이다. 그 증거는 관찰과 실험으로 생긴 것이다. 이에 견줘 철학자는 자신의 생각을 사변으로 말할 수밖에 없다. 만약 철학자가 사변이라고 하더라도 아무 생각이나 막 던진다는 의미의 방법론으로 쓴다면, 정말로 "그건 네 생각이지."라는 말 한마디가 전가의 보도가 될 것이다. 그러나 철학의 주장은 논증으로 제시되어야 한다. 논증은 어떤 결론(주장)을 전제(근거)가 지지하는 진술을 말한다. 철학자는 자신의 주장을 지지하는 근거를 제시하고, 다른 철학자는 그 논증의 어디에서 잘못이 있는지 지적하는 형식으로 철학 토론은 진행되는 것이다.

여기서 주의할 점이 있다. 첫째, 논증은 주장과 그것을 지지하는 근거로 이루어져 있으므로, 주장만 보면 안 된다. 그런데 많은 사람들이 철학자가 무슨 주장을 했는지만 본다. 인문학을 쉽게 소개한다는 책을 보면 철학자들이 어떤 주장을 했는지 나열해 놓았다. 이것을 읽는 것은 전혀 철학 공부가 아니다. 철학자들이 어떤 근거를 가지고 그 주장에 이르렀는지를 공부해야 철학 공부이다. 수학 공부를 하면서 풀이 과정은 연습하지 않고 답만 알아서 무슨 쓸모가 있는가? 그거나 마찬가지다.

최근 어느 인터넷 커뮤니티에서 태어나지 않는 것이 더 낫다는 주장들을 쭉 나열한 글이 게시되었다. 쇼펜하우어, 마광수 교수, 외국의 속담 그리고 현대 남아프리카 공화국의 철학자인 베너타까지 '어록'들이 쭉 나열되어 있었다.* 그리고 흙수저로 태어날 바에는 태어나지 않는 것이 더 낫다는 식의 동조하는 댓글들이 달렸다. 속담이나 국문학자인 마광수 교수의 주장은 모르겠지만, 적어도 철학자의 주장은 거기에 이르는 논증을 이해하지 않는 한 아무 의미가 없다. 철학자의 진술은 그냥 "그건 네 생각이지."라고 쉽게 반박될 수 있는 성격의 것이 아닌데, 그런 식으로 소비되고 있다.

철학자의 논증과 관련해서 두 번째 주의할 점은 논증은 철학자만의 전유물이 아니라는 사실이다. 당연한 말이지만 다른 학자들도 '아무 말 대잔치'를 하지 않는다. 이 말은 같은 논증이어도 철학자의 논증이 다른 학자의 논증과 어떻게 다른지 이해해야 한다는 뜻이다. 누군가가 A라는 주장을 한다면 그 주장을 지지할 근거 B를 제시한다. 이 B가 납득이 안 되면 다시 그것을 지지하는 근거 C를 제시한다. 과학자들이 이때 제시하는 근거는 관찰이나 실험과 같은 경험적 데이터이다. 철학자들은 그 대신에 직관, 사고 실험, 개념 분석 따위의 방법을 이용한다. 이것을 앞으로 하나씩 살펴볼 예정이다.

철학자가 하는 일

철학자는 다른 철학자의 주장 A가 마음에 들지 않으면 반박을 한다. 이것이 본격적인 철학 활동이다. 이 활동은 크게 두 가지 종류로 나눌 수 있다. 첫째는 주장을 지지하는 논증 구조가 형식적으로 올바르지 않다고 반박하는 것이다. 논리학 개론 수업을 들으면 여러 가지 논증 종류를 배우고 그 논증이 잘못 사용되는 여러 가지 오류들도 배운다. 이것을 이용해서 상대방의 논증이 '논리적 과실'을 저지른다고 지적한다.

둘째는 상대방 논증의 형식이 아니라 내용에 주목하는 것이다. 주장 A를 지지하는 근거들이 틀렸다고 지적하는 방식이다. 이때 경험적 데이터를 이용해 반박하는 때도 있기는 하다. 신 존재 증명 중 하나로 우주론적 증명이 있다.

> 세상 모든 일에는 원인이 있다. 그러면 그 원인의 원인을 끝없이 거슬러 올라갈 수 있다. 원인의 원인이 있고, 그 원인의 원인이 있고, … 그러다가 최초의 원인이 있을 텐데, 그것이 바로 신이다.

최초의 원인은 제1 원인이므로, 우주론적 증명은 '제1 원인 논증'이라고도 부른다. 이 논증에 대해 우주가 생긴 최초의 원인은 빅뱅이라고 과학적 데이터를 제시하여 잘못을 지적할 수 있다. 그러나 철학자는 과학자가 아니므로, 이미 널리 알려진 과학적 데이터를 쓰는 수준이다.

철학자는 이보다는 주장 A를 지지하는 근거들이 틀렸다고 지적할 때 상대방이 내세운 근거를 역이용하는 방식도 많이 쓴다. 주장

> [꿀팁] 빅뱅이 우주의 원인이라고 말하면 꼭 묻는 질문이 있다. 그러면 빅뱅의 원인은 무엇이냐고. 그러나 이 세상에는 더 이상 대답하지 못하는 질문도 많다. 예컨대 하늘이 파란 이유는 파장이 짧은 빛일수록 잘 흩어지는데 그게 파란색이라서 하늘이 파랗다. 그런데 왜 파장이 짧은 빛일수록 잘 흩어지냐고 물으면 더 이상 대답할 수 없다. 그냥 주어진 사실이다.

A를 지지하기 위해 B와 C라는 근거를 제시하기도 하지만, 거기에 T와 S라는 근거가 숨어 있을 수 있다. 그것을 찾아내어 T와 S는 B와 C와 양립 불가능함을 보여 주는 것이다. 이는 나의 믿음의 저장고에 있는 데이터를 꺼내 상대방을 공격하는 것이 아니라 상대방이 가지고 있는 저장고에 내적인 모순이 있음을 보여 주기에 치명적이다.

이 방법들은 12장, 13장, 14장에서 더 구체적으로 보여 줄 것이다. 우선은 우주론적 증명에 어떤 식으로 적용되는지 살펴보자.

> 이 증명은 인과 관계를 이용하니 원인이 끊임없이 거슬러 올라간다는 것뿐만 아니라 거꾸로 결과가 끊임없이 계속되리라는 것도 인정해야 할 것이다. 원인의 원인, … 이 계속되는 것뿐만 아니라 결과의 결과, …도 계속된다고 생각해야 한다. 결과의 연속에는 끝이 있으리라 생각하지 않는다. 그런데 왜 꼭 원인의 연속에는 그 끝, 곧 최초의 원인이 있어야 한다고 생각하는가?

상대방의 생각에서 일관되지 않은 면을 드러내고 있다. 일관적이지 않은 믿음을 유지한다는 것은 사고의 치명적인 결함이다.

철학: 슬럼 해체의 작업

논증 상대방도 모순을 지적하는 철학자의 반박을 맞받을 것이다. T와 S 그리고 B와 C가 같은 주장처럼 보이지만 엄격하게 보면 다르다고 대꾸하는 방법도 가능하고, B와 C를 버리고 다른 근거를 제시하는 것도 가능하다. 졌음을 인정하고 주장 A를 아예 포기하는 것도 가능하다.

철학을 공부하겠다는 사람들 중 이게 철학 활동인지 모르는 사람도 많고 알면서도 싫어하는 사람도 많다. 철학은 뭔가 거대한 담론을 해야 하는데, 지엽적인 논점을 가지고 싸운다고 말이다. 토론은 건설적이어야지 파괴적이어서는 안 된다고도 생각한다. 그러나 앞 장에서 말한 건축물의 비유로 말해 보면 도시에 집을 새로 짓기만 해서는 안 된다. 그러면 슬럼이 된다. 부실한 건물은 해체해야 한다.

> [꿀팁] 철학자 비트겐슈타인은 세미나가 끝난 후 다음과 같이 말한 적이 있다고 한다. "나쁜 철학자는 슬럼의 집주인과 같다. 그들을 폐업시키는 것이 내 일이다."

철학 익힘

* 베너타는 『태어나지 않는 것이 낫다』라는 책에서 태어나지 않는 것이 나은 논증을 제시했다. 이 내용은 2018 LEET 언어이해 22~24번 문항의 지문으로 출제되었다.

문제. 다음 논쟁에 대한 분석으로 적절한 것만을 〈보기〉에서 모두 고르면?

갑: 신의 존재는 확신할 수 없지만, 신을 믿는 선택을 하지 않는 것은 비합리적이다. 신을 믿는 선택을 한다고 해 보자. 신이 존재한다면 사후에 무한한 행복을 얻게 될 것이고, 신이 존재하지 않는다면 생전에 얻은 행복이 전부이며 그 양은 유한할 것이다. 신이 존재할 확률은 적어도 0보다는 클 것이다. 그렇다면 신을 믿는 선택을 통해 얻게 될 행복의 기댓값은 무한대가 될 것이다. 이제 신을 믿지 않는 선택을 한다고 해 보자. 그러면 행복은 생전에 얻은 것이 전부일 것이며 그 값은 유한하므로 신을 믿지 않는 선택을 통해 얻게 될 행복의 기댓값은 유한하다. 우리는 기댓값이 최대가 아닌 선택을 하는 것은 비합리적이라는 일반 원칙을 받아들인다. 따라서 신을 믿는 선택을 하지 않는 것은 비합리적이다.

을: 그 일반 원칙은 나도 받아들인다. 하지만 신을 믿는 선택을 하지 않는 것이 늘 비합리적인 것은 아니다. 동전을 던져 앞면이 나오면 신의 존재를 믿고, 뒷면이 나오면 믿지 않는 식으로 신의 존재에 관한 믿음 여부를 결정한다고 해 보자. 이때 앞면이 나오면, 신을 믿게 되고 행복의 기댓값은 무한대가 될 것이다. 뒷면이 나오면, 신을 믿지 않게 될 것이고 행복의

기댓값은 유한할 것이다. 앞면이 나올 확률은 1/2이므로 1/2의 확률로 무한한 기댓값을 얻게 된다. 무한한 기댓값을 얻을 확률이 0보다 높기만 하면 결과적으로 신의 존재에 대한 믿음을 동전 던지기로 결정하는 선택의 최종 기댓값 역시 무한대가 된다. 그렇다면 동전 던지기로 신을 믿을지 안 믿을지 결정하는 것이 비합리적이라고 말할 수 없다.

〈보기〉

ㄱ. 갑과 을은 합리적인 사람은 최대의 기댓값을 가지는 선택을 할 것이라는 점에 동의한다.
ㄴ. 갑은 신을 믿는 선택을 하지 않는 것이 비합리적이라는 것에 동의하지만 을은 그렇지 않다.
ㄷ. 을의 논증에 따르면, 당첨 확률이 매우 낮지만 0보다는 큰 로또 복권에 당첨되면 신을 믿고, 그렇지 않으면 신을 믿지 않기로 하는 것은 신을 믿는 선택만큼 합리적이다.

① ㄱ
② ㄷ
③ ㄱ, ㄴ
④ ㄴ, ㄷ
⑤ ㄱ, ㄴ, ㄷ

(2022 PSAT 언어논리 35번)

신은 관찰할 수 있는 존재가 아니기에 철학의 사변에 딱 적합한 연구 소재이다. 그러다 보니 철학의 역사에는 여러 신 존재 증명이 나왔는데, 본문에서 우주론적 논증을 소개했다. 이 문항의 갑은 파스칼로, 이 논증은 '실용주의 논증'이라고 부른다. 신이 존재한다는 믿음을 합리적으로 정당화하는 것이 아니라 실용적으로 정당화하기 때문에 그런 이름이 붙었다.

ㄱ. 갑은 "우리는 기댓값이 최대가 아닌 선택을 하는 것은 비합리적이라는 일반 원칙을 받아들인다."라고 말했고, 을도 "그 일반 원칙은 나도 받아들인다."라고 말했다. 따라서 갑과 을은 모두 합리적인 사람은 최대의 기댓값을 가지는 선택을 할 것이라는 점에 동의한다는 진술은 적절하다.

ㄴ. 갑은 "신을 믿는 선택을 하지 않는 것은 비합리적이다."라고 말했고, 을은 "신을 믿는 선택을 하지 않는 것이 늘 비합리적인 것은 아니다."라고 말했다. 따라서 갑은 신을 믿는 선택을 하지 않는 것이 비합리적이라는 것에 동의하지만 을은 그렇지 않다는 진술은 적절하다.

ㄷ. 을은 "무한한 기댓값을 얻을 확률이 0보다 높기만 하면 결과적으로 신의 존재에 대한 믿음을 동전 던지기로 결정하는 선택의 최종 기댓값 역시 무한대가 된다."라고 말했다. 로또 복권에 당첨되는 확률은 동전 던지기에서 앞면이 나올 확률(1/2)보다는 매우 낮지만 0보다는 크다. 따라서 로또 복권에 당첨되면 신을 믿고, 그렇지 않으면 신을 믿지 않기로 하는 것은 신을 믿는 선택만큼 합리적이라는 진술은 적절하다. 정답은 ⑤이다.

2. 사변 vs 논증

3. 회의

철학의 시작은 놀라움

철학의 스승들은 철학은 놀라움에서 시작한다고 말한다. 플라톤은 『테아이테토스』에서 소크라테스의 입을 통해 "놀라워하는 것, 이 것이야말로 철학자의 상태이기에 하는 말이네. 이것 말고 철학의 다른 시작은 없으니까."라고 말한다. 그리고 아리스토텔레스 역시 『형이상학』에서 "지금이나 그 첫 단계에서나 사람들은 놀라움 때문에 철학을 하기 시작"한다고 말한다.

그때나 지금이나 철학은 놀라움에서 시작한다. 사실 철학만 그런 것이 아니라 학문이 다 그렇다. 궁금한 것을 보고 자신의 무지를 벗

> [꿀팁] 놀라움은 고대 그리스어로 타우마제인(thaumazein)이라고 한다. 같은 이름의 대중 철학 잡지가 우리나라에서 발행된다.

어나기 위해 학문적 탐구를 하는 것이다. 뉴턴은 나무에서 사과가 떨어지는 것을 보고 '놀라서' 만유인력 법칙을 발견했다고 한다. 아리스토텔레스는 위 인용문에 이어서 "의문에 사로잡혀 놀라워하는 사람은 자기가 무지하다고 생각한다. 그러므로 무지를 피하기 위해서 사람들이 철학을 시작했"다고 말한다. 뉴턴도 그런 사람이다.

> [꿀팁] 뉴턴의 사과 에피소드는 본인이 직접 말한 것이라 신빙성이 있다. 그 사과나무를 접목한 사과나무가 우리나라에도 11그루나 있다.

그러나 철학은 '의문에 사로잡혀 놀라는' 데서 그치지 않는다. 누구나 당연해 하는 것을 보고 의심하는 것, 그것이 철학의 시작이다. 뉴턴은 사과가 나무에서 떨어진다는 현상 자체를 의심하지는 않았다. 만유인력의 법칙을 비롯한 과학의 법칙도 의심하지 않았다. 그러나 철학자는 사과가 나무에서 떨어지는 것을 내가 잘못 본 것은 아닌지, 절대 틀리지 않는다고 생각하는 법칙도 사실은 거짓은 아닌지 의심한다. 놀라는 수준이 좀 더 근본적인 것이다. '근본(根本)'은 초목의 뿌리를 뜻한다. 의심한다는 것은 근본으로 돌아가서, 곧 뿌리부터 다시 생각해 본다는 뜻이다.

보고서야 믿는 토마, 보고서도 믿지 않는 철학자

예수의 제자 중 한 명인 토마는 부활을 증언하는 다른 제자들의 말을 듣고 "나는 내 눈으로 그분의 손에 있는 못 자국을 보고 내 손가락을 그 못 자국에 넣어보고 또 내 손을 그분의 옆구리에 넣어보지 않고는 결코 믿지 못하겠소."라고 말한다. 그러자 예수는 토마 앞에 나타나, "너는 나를 보고야 믿느냐? 나를 보지 않고도 믿는 사람은 행복하다."(요한복음)라고 말한다. 의심은 신뢰의 적이다. 그러나 이것은 어디까지나 신앙에나 해당한다. 철학자에게 의심은 강력하고 유용한 생각법이다.

가장 널리 알려진 의심은 데카르트의 '방법적 회의'이다. 회의, 곧 의심 앞에 '방법'이라는 말이 붙은 이유는 데카르트가 어떤 목적을 위한 수단으로 일부러 의심하기 때문이다. 그 목적이란 지식의 체계를 전혀 의심할 여지가 없는 토대 위에 올려놓으려는 것이다.

> 나는 내가 어릴 때부터 많은 거짓된 견해들을 참된 것인 양 받아들여 왔고, 그런 원칙들에 근거해서 쌓아 올린 것이 매우 의심스럽다는 것을 여러 해 전에 깨달았다. 그래서 학문에서 어떤 확고부동한 것을 세우려고 한다면, 일생에 한 번은 지금까지 믿어온 모든 것을 철저하게 버리고 아주 기초부터 새롭게 시작해야 할 필요성을 느꼈다. (데카르트, 『성찰』)

그래서 데카르트의 유명한 '전지전능한 악마'가 등장한다. 전지전능한 악마가 있어, 사실은 사과나무가 없는데도 있다고 믿게 만들고, 사실은 만유인력의 법칙은 틀렸는데도 옳다고 믿게 만들 수 있는 것이다. 데카르트는 이런 방법적 회의를 거쳐 아무리 의심하려고 해도 의심할 수 없는 "나는 생각한다. 고로 나는 존재한다."라는 명석 판명한 명제에 이른다. 내가 존재하지 않는다면 속을 수도 없기 때문이다. (방법적 회의와 데카르트의 이 명제는 11장에서 다시 나온다.)

토마는 예수의 부활을 의심한 덕분에 '의심 많은 토마'(a doubting Thomas)라는 별명을 얻었다. 그러나 토마가 의심이 많은 게 아니라 죽은 사람이 부활했다는데 의심하는 게 더 자연스러운 일 아닌가? 토마의 천성은 의심이 많은 게 아니라 솔직하다고 말하는 게 더 정확해 보인다. 신앙의 관점에서도 맹목적으로 믿는 것보다 토마처럼 의심해 보고 질문해 보는 것이 더 굳건한 믿음으로 연결되지 않을까? 확실한 지식을 찾으려고 의심한 데카르트처럼 말이다.

좀비가 된 회의론자

2022년에 방송된 넷플릭스의 인기 드라마 〈지금 우리 학교는〉에서 이병찬 교사는, 궁지에 몰린 쥐가 고양이를 무는 것처럼 학교 폭력 가해자를 이길 힘을 아들에게 주기 위해 요나스 바이러스를 개발한다. 그러나 이 바이러스는 그의 의도를 넘어 감염된 사람을 무시무시한 좀비로 만들어 버린다.

데카르트의 '회의'도 그의 의도와 다르게 걷잡을 수가 없다. 데카르트로부터 회의를 배운 철학자들은 데카르트가 회의를 하다 말았다고 비판한다. 데카르트는 모든 것을 의심해 본 다음에 의심하기 위해서는 생각해야 하는데, 생각하기 위해서는 생각하는 '나'가 존재해야 하지 않느냐고 말한다. 그래서 모든 것을 의심해도 내가 생각한다는 것, 곧 내가 존재한다는 것은 의심할 수 없이 명석 판명하다고 말하며 회의에서 벗어난다. 데카르트의 말대로, 속기 위해서는 속는 주체가 존재해야 하는 것은 맞다. 그러나 내가 태어날 때부터 지금까지 연속되어 존재하지 않고 순간순간 존재해도 속는 나는 충분히 존재할 수 있다. 러셀이 말했듯이 심지어 이 세상이 5분 전에 생겼어도 속는 '나'는 있을 수 있다. 그에게 명석 판명한 것은 '지금 이 순간에 존재하는 나'일 뿐 영속하는 나도 아니고 이 세계의 존재도 아니다.*

데카르트의 후예들은 거침없는 좀비가 되어 회의의 바이러스를 감염시킨다. 과거의 경험에 의해 미래를 예측하는 귀납, 원인과 결과가 규칙적으로 반복되는 인과 관계, 나뿐만 아니라 모든 사람들이 마음을 가지고 있다는 믿음, 이 모든 것이 회의의 대상이다. 각양각색의 회의론은 철학에서 화수분 같은 논쟁거리이다.

건강한 회의론

그러나 우리는 회의라는 철학자의 생각법은 데카르트가 그랬듯이 확실한 지식을 찾으려는 건강한 회의임을 잊지 말아야 한다. 철학적 회의론자들이 들으면 창피해할 회의론이 있다. 음모론이 그것이다. '기후 변화 회의론', '백신 반대 운동', '아폴로 달 착륙 조작설' 등이 대표적인 예들이다. 데카르트의 방법적 회의의 의도도 그렇지만 당연하게 받아들여지는 주장을 의심하는 것은 지식의 발전을 위해 좋은 일이다. 천동설에서 지동설로 대체되는 과정을 보더라도 상식을 의심하는 것이 곧 인류의 발전을 이루었다. 그러기 위해서는 기존의 지식을 의심할 만한 증거를 제시해야 하고, 기존의 증거를 객관적으로 검증해야 한다. 하지만 음모론은 과학자의 증거와 조작된 증거 중 비교할 수 없이 약한 증거인 후자에 솔깃해하는 것일 뿐이다. 자신의 입맛에 맞는 것들만 고른 것이고, 이미 정설인 이론의 결정적인 근거를 막상 반박하지는 못한다. 예컨대 9·11 테러 음모설을 주장하는 쪽은 오사마 빈 라덴이 자신이 저질렀다고 비디오로 말했음을 반박하는 근거는 제시하지 못한다. 오사마 빈 라덴도 미국 정부에 포섭되었다고 주장할 것인가? 음모론자는 어떤 합리적인 증거나 전문가의 견해를 제시해도 그것도 음모로 해석한다. 참 쉬운 방법이지만 그것은 아무것도 입증하지 못한다.**

철학 익힘

* 데카르트의 방법적 회의와 러셀의 '5분 가설'은 2014 수능 예비시행 국어 영역(B형) 19~21번에 지문으로 출제되었다.
** 음모론을 최선의 설명으로의 추론(☞ 20장) 관점에서 설명한 지문이 2016 LEET 추리논증 23번에 출제되었다.

문제. 다음 글에 대한 분석으로 적절한 것만을 〈보기〉에서 모두 고르면?

㉠힘센 국가나 조직이 지구의 기상을 마음대로 조작하고 있다는 음모론은 수십 년 전부터 사람들의 입에 오르내려 왔다. 이에 따르면 수십 년 전부터 강대국들은 군사적 목적으로 기류의 흐름을 조종하고 폭풍우를 임의로 만들어내고, 적국에 한파나 폭염을 불러일으키는 등의 날씨를 조작하는 환경전(環境戰)을 펼쳐 왔다. 이들 중 특히 C 단체에 따르면 ㉡산업 현장 등에서 배출하는 과다한 온실 기체 때문에 지구 온난화 현상이 일어나는 것이 아니다. 이들은 ㉢강대국 정부가 군사적 목적에서 행하는 비밀스러운 기상 조작 활동 때문에 지구 온난화 현상이 일어난다고 주장한다.
 C 단체가 이렇게 주장하는 근거는 무엇인가? 이와 관련하여 이들은 ㉣기상 조작 기술을 군사적 혹은 상업적으로 이용 및 수출하는 것을 금지하는 국제 통상 조항이 있다는 사실에 주목한다. 바로 이것이 ㉤기상 조작 기술을 실제로 군사적 혹은 상업적으로 이용하고 있다는 증거라는 것이다. 그리고 C 단체는 재해 예방을 위한 인공 강우 활용 사례들이 보여주는 것처럼 기상 조작 기술은 이미 실용화된 기술이라는 점도 지적한다.

이 때문에 이들은 ⓑ기상 조작 기술이 손쉽게 군사적으로 전용될 수 있다고 여긴다. 이에 더해 ⓐ강대국 정부들은 자국의 기업들이 지구 온난화의 책임으로 납부하는 거액의 세금을 환영한다는 사실 역시 정부가 실제로 기상 조작 행위를 수행하고 있음을 보여 준다고 C 단체는 말한다.

그러나 지구 온난화 현상이 일으키는 국가적 비용은 음모론자들이 말하는 환경전을 통해 얻을 수 있는 재정상의 이익을 압도한다. 그렇기에 정부가 그런 비용을 치르면서까지 기상 조작을 수행할 이유가 없다. 따라서 기상 조작 음모론은 터무니없다.

〈보기〉
ㄱ. ㉠에 동의해도 ㉡에 동의할 필요는 없다.
ㄴ. ㉪, ㉫, ⓐ에 모두 동의한다면 ㉢에 동의해야 한다.
ㄷ. 무언가가 실제로 행해지고 있을 때만 그것을 금지하는 규정이 존재한다고 전제하면 ㉣로부터 ㉤이 도출된다.

① ㄱ
② ㄴ
③ ㄱ, ㄷ
④ ㄴ, ㄷ
⑤ ㄱ, ㄴ, ㄷ

(2022 PSAT 언어논리 32번)

본문에서 언급한 음모론 중 기후 변화 회의론의 구체적인 내용을 다루는 지문이다. 지구 온난화는 산업 활동 때문에 생긴 것이 아니라, 힘센 국가나 조직이 지구의 기상을 마음대로 조작해서 생겼다는 것이다. ㉢, ㉣, ㉤은 음모론의 주장을 지지하는 근거이다. 그러나 음모론자들은 그 근거들보다 훨씬 더 강한 근거(위 지문의 마지막 문단에서 한 말)를 무시한다.

ㄱ. ㉠은 기상 조작, ㉡은 지구 온난화에 대해 말하는데 그 규모가 다르다. 서로 다른 차원의 주장이므로, ㉠에 동의해도 ㉡에 동의할 필요는 없다는 진술은 적절하다.

ㄴ. ㉢, ㉣, ㉤는 음모론자들이 ㉢을 주장하는 근거이다. 그러나 이 지문은 그러한 음모론을 비판하고 있으므로, ㉢, ㉣, ㉤에 동의한다고 해서 ㉢에 동의할 필요는 없다.

ㄷ. 무엇인가를 금지하는 조항이 있는 이유는 무엇일까? 그것이 실제로 행해지고 있으니까 그런 것 아닐까? 따라서 무언가가 실제로 행해지고 있을 때만 그것을 금지하는 규정이 존재한다고 전제하면 ㉣로부터 ㉤이 도출된다는 진술은 적절하다.

정답은 ③이다.

4. 상식 또는 직관

튼튼한 토대

앞 장에서 철학자들은 주장할 때 논증을 이용한다고 했다. 논증을 한다는 것은 전제를 이용해서 결론을 뒷받침한다는 것이다. 이때 전제는 튼튼해야 하고 뒷받침하는 추론 과정은 정당해야 한다. (논리학의 전문 용어로 말하면 전제의 건전성, 논증의 타당성을 갖추어야 한다.) 전제는 논증의 출발점이다. 이게 튼튼하지 않으면 논증은 허물어지고 말 것이다.

전제가 튼튼하기 위해서는 어떤 것이 전제로 와야 할까? 철학자들은 상식 또는 직관을 전제로 많이 쓴다. 물론 다른 철학자가 논증을 통해 제시한 주장 중 충분히 설득력이 있다고 생각한 주장을 전제로 삼는 일이 가장 많을 것이다. 그러나 그 논증도 다시 전제를 찾아가면 아마 상식이나 직관에서 시작할 가능성이 크다. 상식은 사람이라면 누구나 가지고 있는 생각이고 직관은 굳이 경험이나 추론을 하지 않고도 곧바로 아는 것을 말한다. 그런 것들이 전제로 와야 튼튼한 토대가 될 것이다.

상식이나 직관은 수학의 공리와 같은 역할을 한다. 수학에서 증명할 필요 없이 자명한 진리로 인정되는 공리에서 증명을 시작하듯이, 철학의 논증도 누구나 알고 있고 따로 증명할 필요가 없는 상식이나 직관에서 시작한다.*

철학자가 상식을 말한다?

그러나 철학의 논증이 상식에서 시작한다고 하면, 철학자의 주된 생각법으로 회의를 소개한 앞 장을 읽은 독자들은 의아해할 것이다. 철학자는 회의론을 비롯해서 상식으로 받아들이기 어려운 주장을 일삼는다. 그런데 무슨 상식에서 시작한단 말인가?

> [꿀팁] 지은이가 쓴 『위험한 철학책』(개정증보판, 2024)은 "태어나지 않는 것이 더 낫다", "다른 사람에게는 마음이 없다", "죽음은 그리 나쁘지 않다"처럼 상식으로 받아들이기 어려운 철학의 주장들을 모아 놓았다. 상식이 아닌 정도가 아니라 위험하기 짝이 없다.

하지만 철학자들이 상식으로 받아들이기 어려운 주장에 이른 것도 그 시작은 상식이다. 이게 무슨 말인가? 상식에서 출발했는데, 이른 곳은 상식에 어긋나는 결론이라는 것이다. 데카르트도 "조금이라도 의심할 수 있으면 그것은 신뢰할 수 있는 지식이 아니다."라는 상식에서 출발했다. 누구나 그렇게 생각하지 않느냐는 것이다. 그런 상식에 동의한다면 내가 지금 컴퓨터 앞에 앉아 있다는 것도 신뢰할 수 없다. 꿈을 꾸고 있는 것 아니냐고 의심할 수 있으니까. 2 더하기 3이 5라는 지식도 신뢰할 수 없다. 전지전능한 악마가 있어서 우리 모두가 2 더하기 3을 계산할 때마다 5라고 속일 수 있으니까.

앞에서 전제는 튼튼해야 하고 논증은 정당해야 한다고 말했다. 데카르트의 회의론 논증에 반박하는 방법도 전제가 튼튼하지 않거나, 전제는 튼튼하지만 추론 과정이 정당하지 않다고 비판하면 된다. 데카르트가 상식이라고 말한 것에 동의하지 못한다는 비판이 전제가 튼튼하지 않다는 반박이다. "조금이라도 의심할 수 있으면 그것은 신뢰할 수 있는 지식이 아니다."가 상식이라고 하지만 나는 동의하지 못한다고 말이다. 실제로 우리는 조금 의심스러워도 믿고 살지 않는가? 나는 내가 지금 앉아 있는 의자가 곧 무너지지 않는다고 (의식적으로는 아니지만 잠재적으로) 믿고 앉아 있다. 그러나 데카르트가 말한 상식에 따르면 의심할 구석이 조금이라도 있다. 그렇게 의심하기 시작하면 인생 살기 참 피곤하지 않은가?

철학자가 말한 논증이니 맞겠지, 라고 생각하지 말고 상식에 어긋난다고 생각하면 과감하게 비판해야 한다. 철학자도 그렇게 한다. 가장 대표적인 반회의론 논증은 영국의 철학자 무어가 '순진하고 용감하게' 제시했다. 그는 다음과 같이 말한다.

여기 손이 하나 있다. 여기 손이 또 하나 있다. 따라서 외부 세계는 존재한다.

전제와 결론을 갖추고 있으며, 결론은 전제와 같지 않으니 그 나름으로 훌륭한 논증이다. 이것을 '상식에 의한 논증'이라고 한다. 상식적인 믿음만큼 확실한 지식이 어디 있느냐는 게 무어의 주장이다. 물론 회의론자는 바로 그 상식을 의심한다. 손이 여기 있다는 게 확실한 상식이라고 하지만, 거기서 확실한 것은 손에 대한 시각 경험과 촉각 경험뿐이기 때문이다. 그렇게 보이고 느껴진다고 해서 곧 '있다'는 것은 아니라는 게 상식 아닌가? 철학 논증은 이렇게 진행된다.

무엇이 상식인가?

상식이나 직관은 논증에서 손쉬운 출발점이지만 어느 게 상식이고 직관인지 분명하지 않다는 치명적인 문제점이 있다. 나에게는 상식이지만 다른 사람에게는 상식이 아닐 수 있다. 우리 시대에는 상식이지만 과거 시대에는 상식이 아닐 수 있다. 인터넷 커뮤니티에는 "대학생이 이런 것도 모르면 상식이 없는 건가요?"라는 물음이 가끔 올라온다. 대학생의 몇 퍼센트가 알아야 상식일까? 그래서 러셀은 상식을 '야만인의 형이상학'(metaphysics of savages)이라고 비난했다.

사회 과학자라면 이럴 때 통계를 이용할 것이다. 그러나 철학자는 경험적인 방법을 이용하지 않는다고 했다. 그러면 어떻게 상식임을 보일까? 또는 내 직관이 옳음을 어떻게 보일까? 일단 내가 주장하는 것은 상식이고 옳은 직관이라고 말하면 된다. 이 주장에 아무 반론이 없으면 다들 상식으로 또 옳은 직관으로 인정한다는 뜻이다. 그러나 누군가가 그게 무슨 상식이냐고 반박을 한다면, 그때는 답변해야 한다. 이른바 '증명 책임'이 나에게 생긴 것이다. 상식이나 직관은 성찰되지 않은 생각이다. 소크라테스가 성찰되지 않은 삶은 살 가치가 없다고 말했듯이 성찰되지 않은 상식이나 직관도 근거로서 구실을 못 한다. 그러나 가혹한 성찰, 곧 반박을 견디어 내면 튼튼한 토대의 역할을 해 낸다.

> [꿀팁] "상식은 그렇게 흔하지 않다." 볼테르가 『철학 사전』에서 한 말이다. 모든 사람이 알고 있거나 알아야 한다고 생각하는 지식은 그리 많지 않다는 말일 게다. 볼테르의 말은 프랑스어에서는 "Le sens commun n'est pas si commun."이라고 주어와 술어에서 같은 말이 반복되는데, 우리말로 번역하면서 그 맛이 사라져 버렸다.

딱 보면 압니다

좀 아재스럽지만, 직관은 옛날 개그 프로 유행어로 말해 보면 "딱 보면 앱니다."이다. 이렇게 직관은 관찰이나 추론 같은 것을 거치지 않고 직접 아는 것을 말한다. 직관을 사용하는 대표적인 철학 논증은 게티어 반례이다. '정당화된 참인 믿음'이라는 플라톤의 지식의 정의는 2000년 이상 받아들여져 왔다. (플라톤이 어떤 맥락에서 이 정의를 말했는지 13장에서 다시 말하겠다.) 그러다가 미국의 철학자 게티어가 1963년에 「정당화된 참인 믿음은 지식인가?」라는 논문에서 정당화된 참인 믿음인데도 지식이 아닌 사례(곧 반례)를 제시한다. 워낙 유명한 논문이니 해당 부분을 직접 읽어 보자.

> 스미스와 존스가 어떤 일자리에 응모했다고 가정하자. 그리고 스미스가 다음 연언 명제에 대해 강한 증거를 가지고 있다고 가정하자.
>
> (d) 존스는 그 일자리를 얻게 될 사람이고, 존스는 주머니에 10개의 동전을 가지고 있다.
>
> (d)에 대한 스미스의 증거는 그 회사 사장이 그에게 존스가 결국은 뽑힐 것이라고 보증했고, 그, 즉 스미스가 10분 전에 존스의 주머니에 있는 동전을 세어보았다는 것일 수 있다. 명제 (d)는 다음을 함축한다.
>
> (e) 그 일자리를 얻게 될 사람은 주머니에 동전이 10개 들어 있다.
>
> 스미스가 (d)에서부터 (e)가 함축된다는 것을 알고, 그가 강한 증거를 가지고 있는 (d)를 근거로 (e)를 승인한다고 가정하자. 이 경우에 스미스가 (e)가 참이라고 믿는 일은 분명히 정당화된다.
>
> 그러나 더 나아가 스미스는 모르고 있지만, 존스가 아니라 그 자신이 그 일자리를 얻게 될 것이라고 상상해 보라. 그리고 또한 스미스는 모르고 있지만, 그 자신도 주머니에 동전이 10개 들어 있다. 그러면 명제 (e)는 참인데, 비록 스미스로 하여금 (e)를 추리하게 만든 근거로 작용한 명제 (d)가 거짓이라 할지라도 그렇다. 그렇다면 우리 예에서 다음의 모든 것이 참이다. (i) (e)는 참이다. (ii) 스미스는 (e)가 참이라고 믿는다. (iii) 스미

스가 (e)가 참이라고 믿는 일은 정당화된다. 그러나 스미스가 (e)가 참이라는 것을 알지 못한다는 것도 똑같이 분명하다. 왜냐하면 (e)는 스미스의 주머니에 있는 동전 수에 의해 참인 반면에, 스미스는 스미스의 주머니에 동전이 얼마나 있는지 알지 못하고, 자신의 믿음을 그가 그 일자리를 얻게 될 사람이라고 잘못 믿고 있는 존스의 주머니에 있는 동전을 세어본 것을 기초로 하고 있기 때문이다. (한상기, 「직관과 분석철학의 방법론」, 『철학연구』151[2021]에서 번역된 것을 약간 고쳤다.)

상당히 억지스럽고 철학이 이런 건가 하고 부정적인 인상을 주기 십상인 논증이다. 그래도 유명하다 하니 따라가 보자. 지금까지 전해져 내려온 지식의 정의는 '정당화된 참인 믿음'이다. (e)는 이 정의의 세 가지 조건을 만족시킨다. 스미스가 (e)를 믿고 있다는 것은 당연하다. 더 나아가 (e)는 참이다. 스미스가 일자리를 얻게 되고, 스미스의 주머니에는 동전이 10개 들어 있기 때문이다. 가장 중요하게 (e)는 정당화된다. (e)는 (d)로부터 함축된 것인데, (d)는 회사 사장의 보증과 주머니 확인이라는 증거를 충분히 갖추고 있기 때문이다. 그러나 스미스가 (e)를 '안다'고 보아야 할까? 게티어는 알지 못한다는 것이 '분명하다'고 말한다. 자기 직관으로는 그렇다는 것이다. 따라서 '정당화된 참인 믿음'을 만족시키지만 지식이 아닌 반례가 있으므로, 전통적인 지식의 정의는 틀렸다.

게티어의 이 논문 이후 철학에서 지식의 분야를 다루는 인식론자들은 왜 (e)가 지식의 전통적 정의를 만족시키는 것처럼 보이는지

> [꿀팁] 게티어의 논문은 3쪽밖에 되지 않지만, 현대 철학에서 가장 중요한 논문 중 하나로 꼽힌다. 게티어는 이 논문도 승진을 위해 마지못해 썼다고 하는데, 이 논문 이후로 아무 논문도 발표하지 않았지만 철학사에 중요한 이름을 남겼다. 게티어의 반례와 비슷한 예는 그전에도 있었다. 8세기 인도의 불교 인식론자 다르못타라, 14세기 이탈리아 만토바의 피에트로의 저술, 러셀의 『인간의 지식: 그 범위와 한계』(1948)에 비슷한 예가 나온다. 개중 유독 게티어의 사례가 주목받는 철학사적 사정이 있었을 것이다.

설명하려고 시도했다. 그러나 스미스가 (e)를 안다고 말할 수 없다는 직관에는 대체로 동의한다. 이 논문을 읽는 철학도들도 그런가 보다 하고 생각한다. 하지만 정말로 스미스는 (e)는 안다고 말할 수 없는가? 게티어의 그 직관이 맞는가?

실험하는 철학자

21세기 이후 '실험 철학'이라는 운동이 생겼다. 철학자들이 직관이라고 말한 것을 사회 과학자들처럼 설문조사를 이용해서 정말로 직관인지 확인해 보는 것이 대표적인 작업이다. 게티어의 직관이 가장 먼저 실험 대상이 된다. 일반인들에게 게티어의 직관처럼 스미스가 정말로 (e)를 안다고 말할 수 없는지 물어보는 것이다. 그런데 게티어가 제시한 위 예는 이해하기도 어려우니 일반인에게 물어보면 무슨 소리인가 할 것이다. 그래서 이른바 실험 철학자들은 게티어의 예를 좀 더 쉽게 가공해서 물어본다.

보브에게는 여러 해 동안 뷰익을 본 친구 질이 있다. 그래서 보브는 질이 미국 차를 몬다고 생각한다. 그렇지만 그는 그녀의 뷰익이 최근 도난당했다는 것을 모르고 있고, 또한 질이 다른 미국 차종인 폰티악으로 바꾸었다는 것도 모르고 있다. 보브는 질이 미국 차를 몬다는 것을 실제로 아는가, 아니면 그렇게 믿고 있을 뿐인가? (한상기, 「실험철학과 직관」, 『철학연구』 161[2022]의 번역)

앞에서 본 (e)나 마찬가지로 게티어의 직관을 따르자면 보브는 질이 미국 차를 몬다는 것을 실제로 아는 것이 아니다. 서양인에게 물어보니 73%가 실제로 아는 것이 아니라고 대답했다. 그런데 동아시아인 중 53%와 남아시아인의 61%는 그것은 아는 것이라고 대답했다(위 한상기 논문 참고). 서양인은 게티어의 직관과 꽤 일치하지만 아시아인은 많이 다르다. 게티어 입장에서는 서양인은 그래도 73%나 자신의 직관과 같으니 좋아할 일도 아니다. 직관이라면 이성을 가진 사람이라면 누구나 똑같이 생각해야 하는데, 그렇지 않기 때문이다.

'전통적인' 철학자들은 이런 결과에 어떻게 대꾸할까? 아마 많은 철학자들은 서양 사람들처럼 어깨를 으쓱하며 "그래서?"라고 할 것 같다. 일반인의 몇 퍼센트가 직관이라고 생각하든 안 하든 철학에는 하등 중요하지 않다고 생각하기 때문이다. 그들 생각에 전문적으로 훈련 받은 철학자의 직관이 중요하지 '그깟' 일반인의 직관 따위는 중요하지 않다. 물리학자들이 '힘'이나 '운동' 개념을 연구할 때 일반인의 직관을 고려하지 않는 것이나 마찬가지다. 한편 또 다른 철학자들은 사람마다 다른 그런 직관에 의존해서는 안 된다고 반응할 것이다. 철학자들이 '직관'이라는 말을 쓰기는 하지만, 사실은 그것은 개념 분석과 같은 '논증'에 해당한다는 것이다. 딱 보면 아는 것이 아니라 그 나름대로 근거를 갖춰 설득한다는 것이다. 개념 분석이 뭔지는 다음 장에서 살펴보자.

철학 익힘

* 수학의 공리를 직관으로 설명하는 지문은 2014 PSAT 언어논리 17번과 2017년 PSAT 언어논리 34번에 출제되었다.

문제. 다음 글에 대한 평가로 옳은 것만을 〈보기〉에서 있는 대로 고른 것은?

연구팀은 철학자 집단과 일반인 집단을 대상으로 다음 세 문장에 대한 동의 여부를 조사하였다.

(가) 어떤 주장이 누군가에게 참이라면, 그것은 모든 사람에게 참이다.
(나) 모든 사람이 어떤 주장에 동의한다면, 그 주장은 참이다.
(다) 어떤 주장이 참이라면, 그것은 사실을 나타낸다.

두 집단 모두에서 (다)에 대해 '동의함'의 비율이 80%를 웃돌았다. (나)에 대해서는 두 집단 모두에서 '동의하지 않음'의 비율이 훨씬 우세했고 '동의함'의 비율은 철학자에서 더 높았다. 흥미로운 것은 (가)이다. 철학자는 83%가 (가)에 동의한 반면, 일반인은 그 비율이 40%를 약간 넘었고 동의하지 않는다는 응답의 비율이 오히려 더 높았다. (가)를 둘러싼 이 차이는 어디서 비롯되었을까? 연구팀에 따르면, (가)는 다음 둘 중 하나로 읽힌다.

[독해 1] 어떤 주장이 참임이 결정되었다면, 그것의 참임은 객관적이다.

[독해 2] 만약 누군가가 어떤 주장이 참이라고 생각한다면, 모두가 그에게 동의할 것이다.

주장의 참임이 객관적이라는 것은, 그것의 참이 각자의 관점에 상대적이지 않다는 뜻이다. 연구 팀은 "㉠일반인에게서 (가)에 동의하는 의견의 비율이 철학자에 비해 현격히 낮았던 이유는, 철학자는 (가)를 [독해 1]로, 일반인은 [독해 2]로 읽는 경향이 있기 때문이다."라고 말한다. 연구팀은 이 차이에도 불구하고 ㉡참임의 객관성에 대해서는 일반인과 철학자의 의견이 일치한다고 생각한다. 왜냐하면 (가)와 (다)는 참임의 객관성을 긍정, (나)는 부정하는 문장인데, (다)에 대해 일반인과 철학자의 '동의함' 의견의 비율이 비슷하게 높았고, (나)에 동의하지 않는 비율도 철학자와 일반인이 비슷하게 높았기 때문이다.

〈보기〉

ㄱ. 추가 조사 결과 철학자 대다수가 [독해 2]에 대해 '동의하지 않음'으로 응답했다면, ㉠은 강화된다.

ㄴ. 추가 조사 결과 일반인 대다수가 [독해 1]에 대해 '동의함'으로 응답했다면, ㉡은 강화된다.

ㄷ. (나)에 대해 동의하는 응답의 비율에서 일반인과 철학자 사이에 차이가 있는 것으로 나타난 이유가, '동의하지 않음' 의견을 지닌 일부 철학자가 '동의함'으로 잘못 응답한 실수 때문이었음이 밝혀진다면, ㉡은 강화된다.

① ㄱ ② ㄴ ③ ㄱ, ㄷ
④ ㄴ, ㄷ ⑤ ㄱ, ㄴ, ㄷ

(2022 LEET 추리논증 19번)

위 지문에 따르면 (가)는 ((다)와 더불어) 참임의 객관성을 긍정하는 문장인데, (가)의 '누군가'는 철학자를 말할 것이다. 그 철학자에게 직관적으로 참이면 객관적으로 참이다. 적어도 철학자는 그렇게 생각한다. 그런데 지문에 따르면 일반인은 그렇게 생각하지 않는 듯하다. 반면에 (나)는 참임의 객관성을 부정하는 문장이다. 참임의 객관성은 거수로 결정하는 것이 아니므로, 모든 사람이 동의한다고 해서 참이 되는 것은 아니다.

ㄱ. ㉠은 일반인들이 (가)에 부정적인 의견을 제시하는 이유는 (가) 자체에 대한 의견이 철학자와 일반인이 달라서가 아니라 서로 다르게 독해하기 때문이라는 가설이다. 현재 ㉠에는 철학자가 (가)를 [독해 1]로 읽는다는 말만 나와 있지 "[독해 2]로는 안 읽는다"는 말은 나와 있지 않다. 그런데 "추가 조사 결과 철학자 대다수가 [독해 2]에 대해 '동의하지 않음'으로 응답했다"는 것은 그렇게 읽는다는 것을 말해 준다. 따라서 강화된다. 옳은 평가이다.

ㄴ. 참임의 객관성을 긍정하는 (다)에 대해 철학자나 일반인이나 비율이 비슷하게 높다고 말했다. 그런데 잘 읽어 보면 [독해 1]은 참임의 객관성을 긍정하는 진술이다. 따라서 추가 조사 결과 일반인 대다수가 [독해 1]에 대해 '동의함'으로 응답했다면, ㉡은 강화될 것이다. 옳은 평가이다.

ㄷ. (나)에 대해서는 철학자와 일반인 모두에서 '동의하지 않음'의 비율이 훨씬 높지만 '동의함'의 비율은 철학자에서 더 높다고 말했다. 그런데 그 이유가 잘못 응답한 실수 때문이었음이 밝혀진다면, 철학자와 일반인의 의견이 일치한다고 말하는 ㉢은 강화될 것이다.

옳은 평가이다.
정답은 ⑤이다.

5. 개념 분석

어려운 철학

철학 전공자가 아닌 사람에게 철학을 전공한다고 소개하면 이제는 예측할 수 있을 정도로 질문이 비슷하다. 가장 많은 반응은 "어려운 거 공부하시네요."이다. 그다음에 많은 반응은 "어떤 철학자 전공하세요?"이다. 이 질문에는 대답하기가 참 난감하다. "어려운 거 공부하시네요."라는 반응에는 머리를 긁으며 "뭘요."라고 대답하면 그만이지만, "어떤 철학자 전공하세요?"라는 질문에는 뭐라고 대답해야 할지 난감하기 때문이다.

서양 철학만을 놓고 봤을 때 철학의 방법론은 크게 대륙 철학의 방법론과 영미 철학의 방법론으로 나뉜다. 대체로 대륙 철학은 철학사적으로 접근하고, 영미 철학은 분석적으로 접근한다. 영미 철학은 보통 '분석 철학'이라고 부르는데, 이것은 어떤 철학적 주제에 분석적으로 접근하므로 특정 철학적 주제를 연구 대상으로 하지 특정 철학자를 연구 대상으로 하지는 않는다. 그래서 어떤 철학자를 전공하는지 대답하지 못한다. (그런데 나도 문학 교수를 만나면 어떤 작가를 연구하느냐고 묻는다.)

> [꿀팁] "여우는 많은 것을 알지만 고슴도치는 큰 것 하나를 안다."라는 라틴어 속담이 있다. 에라스뮈스의 해석에 따르면 포식자 또는 사냥꾼을 피할 때 꾀쟁이인 여우는 여러 가지 방법을 쓰지만, 고슴도치는 몸을 말고 바늘을 세우는 한 가지 방법만 쓴다는 데서 나온 말이다. 이 비유가 유명해진 것은 영국의 정치 철학자 벌린 덕분이다. 그는 『고슴도치와 여우』라는 책에서 인간의 유형을 다양한 목표를 추구하는 여우형과 하나의 핵심적인 목표를 추구하는 고슴도치형으로 나눈다. 대륙 철학과 영미 철학을 여우와 고슴도치로 비유하기도 한다. 대륙 철학은 철학사에서 다양한 여러 생각들을 건져 내고, 영미 철학은 분석적 방법으로 하나의 주제를 파고들기 때문이다.

언어적 전환

분석 철학이라고 할 때 '분석'은 언어 또는 개념 분석을 말한다. "모든 철학은 언어 비판"이라거나 "한계는 오직 언어에서만 그어질 수 있을 것이며, 그 한계 건너편에 놓여 있는 것은 단순히 무의미가 될 것이다."라고 말한 비트겐슈타인의 영향을 받은 철학자들은 철학적 문제를 분석할 때 논리적 분석이나 일상 언어 분석을 중요하게 생각하게 되었다. '언어적 전환'(linguistic turn)이라고 부를 정도로 철학 방법론에서는 혁명적 사건으로 취급되기도 한다.

러셀의 "현재 프랑스의 왕은 대머리이다."라는 예가 언어 분석

> [꿀팁] 영미 철학이 곧 분석 철학이라고 말할 수 있지만, 비트겐슈타인은 오스트리아 출신이다. 그는 영국에서 활동하기는 했지만 독일어로 책을 썼다. 비트겐슈타인보다 분석 철학의 선구자라고 할 수 있는 프레게는 독일 출신이고 러셀만이 영국 출신이다.

의 정수를 보여 준다. (철학 논증에는 대머리 예가 자주 쓰이는데, 좀 민망하기는 하고 혐오 발언일 수도 있어서 조심스럽기도 하다. 그런데 11장과 14장에서 대머리 예가 또 나온다.) 잘 알겠지만, 현재는 물론이고 러셀이 저 말을 할 때에도 프랑스는 공화국이므로 왕이 없다. 따라서 "현재 프랑스의 왕은 대머리이다."라는 말은 무의미하다. 무의미하므로 참도 거짓도 아니다. 그런데도 우리는 그런 문장을 말하며 무슨 말인지 이해한다. 어떻게 그런 일이 가능한가? 러셀은 이 말을 다음과 같이 꼬치꼬치 분석한다.

현재 프랑스 왕이 적어도 한 명 존재한다.
프랑스의 왕은 아무리 많아도 한 명이다.
그러한 사람은 대머리이다.

첫 번째 문장과 두 번째 문장으로 분석한 것은 이 세상에 '현재 프랑스 왕'이 딱 한 명만 존재한다는 것을 보여 주려는 의도이다. 그런 한 명이 세 번째 문장을 만족시키지는 못한다. 따라서 위 세 조건을 만족시키는 대상은 없다. 그래서 "현재 프랑스의 왕은 대머리이다."라는 문장은 거짓이 되고, 우리는 이 문장이 무슨 말인지 이해한다. (보통은 위 문장들을 $(\exists x)(Kx \& (\forall y)(Ky \rightarrow y=x) \& Bx)$라는 양화 논리학으로 기호화하여 설명하기에 더 머리가 아프다.)

러셀이 다룬 주제는 철학에서 언어 철학이라고 부르는 분과이다. 예술 철학이 예술을 주제로 하고 정치 철학이 정치를 주제로 하는 것처럼, 언어 철학은 언어를 다루니 언어를 분석하는 게 당연하고 특별히 이상해 보이지 않는다. 중요한 것은 20세기 이후 영미권의 철학자들이 언어 철학에서 사용하는 언어 분석의 방법론을 형이상학이나 인식론 그리고 윤리학 같은 전통적인 철학 영역에서도 사용한다는 점이다. 철학 문제를 해결할 때 개념을 명확히 하는 것이 핵심적 작업이 된다. 앞 장에서 본 게티어 반례도 인식론의 영역에서 '안다'라는 개념을 분석한 것이다.

자연스러우면 좋은 것인가?

우리는 무엇인가가 자연스러우면 그것이 옳다고 생각하는 경향이 있다. 가령 여자가 성인이 되면 결혼하고 아이를 낳는 일이 자연스러운 일이므로, 그런 자연스러운 일을 하지 않는 사람은 윤리적으로 비난을 받아야 한다고 생각하는 사람이 있다. 동물의 고기를 먹는 행위, 곧 육식도 윤리적 토론의 대상인데, 육식을 옹호하면서 사람을 포함한 동물이 고기를 먹는 것은 자연스러운 일이므로 윤리적으로 문제될 게 없다고 주장하기도 한다. 이것은 자연적 사실에서 도덕적 의무가 도출된다는 생각이다. 역시 앞 장에서 상식에 의한 논증을 펼쳤던 무어는 이런 '상식'에 반대하는데, 언어 분석을 통해서 반대한다. 누군가가 이렇게 물었다고 하자.

스파이더맨은 스파이더맨이니?

그러면 하나 마나 한 질문을 한다고 핀잔을 받을 것이다. 스파이더맨이 누군지, 더 나아가 사람 이름인지조차 몰라도 스파이더맨은 스파이더맨일 것이기 때문이다. "A는 A이다."는 동일률이라고 해서 사고의 기본 법칙이다. 이번에는 이렇게 물었다고 하자.

스파이더맨은 피터 파커이니?

이 질문은 의미가 있다. 마블 스튜디오에서 만든 〈스파이더맨〉 영화를 안 본 사람에게는 이 질문이 하나 마나 한 물음이 아니고 새로운 정보를 주기 때문이다. 이것을 '열린 질문'이라고 한다. 하나 마나 한 질문이 아니라 "예." 또는 "아니오."로 대답이 열려 있기 때문이다. 두 질문의 차이를 이해했다면 다음 질문은 어느 쪽에 해당할까?

자연스러운 것은 좋은 것이니?

이 질문은 "스파이더맨은 스파이더맨이니?"와 같은 하나 마나 한 물음이 아니다. "스파이더맨은 피터 파커이니?"와 같은 열린 질문이다. 자연스러우면서 좋지 않은 것을 얼마든지 상상할 수 있기 때문이다. 태풍이나 전염병 같은 것은 자연에서 일어난 일이지만 좋다고 말하지 않지 않은가? 무어는 이렇게 열린 질문 논증으로 '좋음'과 같은 규범적 성질을 특정한 자연적 성질로 정의 내리려는 자연주의자는 '자연주의의 오류'를 저지른다고 비판한다. 자연주의의 오류는 19장과 21장에서 다시 나온다.

오래된 개념 분석

그러나 철학에서 개념 분석은 과대평가해서도 안 되고 과소평가해서도 안 된다. 먼저 앞에서 본 러셀과 같은 자디잔 개념 분석은 영미 철학에서도 그리 많이 쓰이지 않는다. 이런 식의 분석은 언어 철학 분과에서나 그리고 20세기 초반 오스트리아에서 일어난 논리 실증주의와 20세기 중반에 영국에서 일어난 일상 언어학파 정도에 한정된다. 그 이후의 영미권 철학은 관심을 '언어'보다는 세상, 철학 용어로는 '실재'로 돌렸다. 그런 의미에서 개념 분석은 과대평가해서는 안 된다.

한편 개념 분석은 과소평가해서도 안 된다. 왜냐하면 개념 분석은 영미 철학만의 전유물이 아니기 때문이다. 1장에서 말했지만, 철학이 무엇인지 철학자마다 다를 때는 철학의 원조인 고대 그리스가 판단의 근거가 된다고 했다. 플라톤의 대화편을 보면 개념 분석은 쎄고 쎘다. 소크라테스는 대화 상대방에게 어떤 개념이 무슨 뜻인지 아는지 물어보고, 상대방이 대답하면 그 대답이 적용 안 되는 반례를 제시한다. 그 반례를 해소해서 다시 대답하면 다시 반례를 대답하고, 반례가 전혀 없을 때까지 답을 찾아 나간다. 당장 앞 장에서 게티어의 반례가 나오게 된 지식의 정의도 플라톤의 개념 분석으로 시도된 것이다. (그 자세한 과정은 13장을 보라.)

말이 나온 김에 소크라테스가 일삼은 개념 분석을 직접 들여다보자. 『메논』은 플라톤을 공부할 때 널리 읽히는 대화편인데, 그 주제는 "덕이란 무엇인가?"이다. 그리스어로 '아레테'인 덕은 꼭 인성만이 아니라 모든 일에서 '탁월하다'는 뜻이다. 소크라테스는 메논에게 "그래, 자네가 생각하는 탁월함이란 무엇인가?"라고 묻는다. 메논은 남자의 탁월함은 어떻고 여자의 탁월함은 어떻고, ⋯라고 말하지만, 소크라테스는 벌[蜂]의 본질은 벌의 종류마다 다르면 안 되지 않겠느냐며 모든 사람에게 동일한 탁월함을 다시 묻는다. 그다음에 이어지는 대화는 이렇다.

> 메논: 모든 사람에게 적용되는 하나의 어떤 것이라면 사람을 지배하는 것밖에 더 있겠습니까?
> 소크라테스: 그러면, 아이의 탁월함도 노예의 탁월함도 동일한가? 노예의 탁월함이 '사람을 지배하는 것'이라면 그가 무슨 노예인가?
> 메논: 아니지요.

이런 식으로 계속 진행된다. 『카르미데스』는 "절제란 무엇인가?"가 주제이다. 『라케스』는 "용기란 무엇인가?"가 주제이다. 지식의 정의는 『테아이테토스』에서 논의된다. 다음 장에서 이러한 소크라테스 문답법을 자세하게 살펴보겠다.

철학자의 말버릇

소크라테스만 언어 분석을 한 것이 아니다. 3장에서 본 데카르트의 방법적 회의도 언어 분석의 과정이다. "나는 생각한다."라는 명제를 분석해서 거기서 "나는 존재한다."라는 명제를 이끌어 낸 것이다. 앞에서 무어가 제시한 자연주의의 오류도 그 근원은 흄에 있다. (흄의 근원이 되는 텍스트는 21장에서 볼 것이다.) 상대방이 무슨 주장을 할 때 "일단 그 말이 무슨 뜻으로 쓰이고 있는지 따져 봅시다."나 "당신이 그 말로 무엇을 의미하는지에 따라 달라집니다."라는 말이 철학자의 전형적인 말버릇이다. 누군가 "그 사람은 예전과 같은 사람이 아닌 것 같아요."라고 말한다. 그러자 "지금 '같다'는 말을 어떤 뜻으로 말하고 있나요?"라고 묻는다. "그 사람이 정말로 자유롭게 그 일을 했을까요?"라고 물으면, "그건 '자유'라는 말을 어떻게 쓰느냐에 따라 달라집니다."라고 대답한다. 이것이 철학자가 쓰는 생각법인 개념 분석이다.

이런 작업이 말장난처럼 느껴진다는 사람도 있다. 짜증이 나기도 할 것이다. 철학적 혼란은 우리 생각에서 생긴 것이고 생각은 말로 이루어지니 짜증 나는 말장난으로 우리 생각이 명쾌해지면 그것 또한 좋은 일 아닌가? 우리는 그런 개념 분석의 정수를 소크라테스의 문답법에서 볼 수 있다. 다음 장을 보자.

철학 익힘

* 무어가 주장한 자연주의의 오류는 2007 MEET/DEET 언어추론 21~23번 문항의 지문으로 출제되었다.

문제. 다음 갑~병의 견해에 대한 분석으로 적절한 것만을 〈보기〉에서 모두 고르면?

갑: 현대 사회에서 '기술'이라는 용어는 낯설지 않다. 이 용어는 어떻게 정의될 수 있을까? 한 가지 분명한 사실은 우리가 기술이라고 부를 수 있는 것은 모두 물질로 구현된다는 것이다. 기술이 물질로 구현된다는 말은 그것이 물질을 소재 삼아 무언가 물질적인 결과물을 산출한다는 의미이다. 나노 기술이나 유전자 조합 기술도 당연히 이 조건을 만족하는 기술이다.

을: 기술은 반드시 물질로 구현되는 것이어야 한다는 말은 맞지만 그렇게 구현되는 것들을 모두 기술이라고 부를 수는 없다. 가령, 본능적으로 개미집을 만드는 개미의 재주 같은 것은 기술이 아니다. 기술로 인정되려면 그 안에 지성이 개입해 있어야 한다. 나노 기술이나 유전자 조합 기술을 기술이라 부를 수 있는 이유는 둘 다 고도의 지성의 산물인 현대 과학이 그 안에 깊게 개입해 있기 때문이다. 더 나아가 기술에 대한 우리의 주된 관심사가 현대 사회에 끼치는 기술의 막강한 영향력에 있다는 점을 고려할 때, '기술'이란 용어의 적용을 근대 과학 혁명

이후에 등장한 과학이 개입한 것들로 한정하는 것이 합당하다.

병: 근대 과학 혁명 이후의 과학이 개입한 것들이 기술이라는 점을 부인하지 않는다. 하지만 그런 과학이 개입한 것들만 기술로 간주하는 정의는 너무 협소하다. 지성이 개입해야 기술인 것은 맞지만 기술을 만들어 내기 위해 과학의 개입이 꼭 필요한 것은 아니다. 오히려 기술은 과학과 별개로 수많은 시행착오를 통해 발전해 나가기도 한다. 이를테면 근대 과학 혁명 이전에 인간이 곡식을 재배하고 가축을 기르기 위해 고안한 여러 가지 방법들도 기술이라고 불러야 마땅하다. 따라서 우리는 '기술'을 더 넓게 적용할 수 있도록 정의할 필요가 있다.

〈보기〉
ㄱ. '기술'을 적용하는 범위는 셋 중 갑이 가장 넓고 을이 가장 좁다.
ㄴ. 을은 '모든 기술에는 과학이 개입해 있다.'라는 주장에 동의하지만, 병은 그렇지 않다.
ㄷ. 병은 시행착오를 거쳐 발전해온 옷감 제작법을 기술로 인정하지만, 갑은 그렇지 않다.

① ㄱ
② ㄴ
③ ㄱ, ㄷ
④ ㄴ, ㄷ
⑤ ㄱ, ㄴ, ㄷ

'기술'이 무엇인지를 놓고 서로 다른 정의를 하고 있다. 먼저 갑은 물질로 구현되어 있어야 기술이라고 본다. 을은 그것만으로는 안 되고 과학 혁명 이후에 등장한 것만을 기술이라고 불러야 한다고 주장한다. 갑이 을보다 기술을 보는 외연이 넓다. 한편 병은 지성이 개입해야 기술인 것은 맞지만 그 지성이 꼭 과학일 필요는 없다고 본다. 따라서 병이 을보다 기술을 보는 외연이 넓다. 한편 병은 곡식을 재배하고 가축을 기르기 위해 고안한 여러 가지 방법들도 마땅히 기술이라고 불러야 한다고 주장한다. 갑과 달리 물질적 결과물뿐만 아니라 그것을 만드는 수단과 방법도 기술로 보는 것이다.

ㄱ. 기술을 보는 외연은 병이 가장 넓고 그다음이 갑이며 을이 가장 좁다. 갑이 가장 넓고 을이 가장 좁다고 했으므로 적절하지 않다.

ㄴ. 을은 과학 혁명 이후의 과학이 적용되어야 기술이라고 보므로 '모든 기술에는 과학이 개입해 있다.'라는 주장에 동의한다. 그러나 병은 꼭 과학이 아니어도 지성이 개입하면 기술이라고 보므로 그 주장에 동의하지 않는다. 따라서 ㄴ은 적절하다.

ㄷ. 갑은 물질로 구현되면 모든 것을 기술로 본다. 따라서 시행착오를 거쳐 발전해온 옷감 제작법을 기술로 인정하지 않는다는 진술은 적절하지 않다.

정답은 ②이다.

6. 소크라테스의 문답법

대화의 희열

철학자 하면 소크라테스를 떠올릴 정도로 소크라테스는 대표적인 철학자이지만 직접 책을 쓰지는 않았다. 석가모니나 예수와 같은 성인은 말씀만 남기고 글은 제자들이 쓴 것처럼 소크라테스도 성인의 반열에 올라 있어서 그랬을 수 있다. 소크라테스의 말씀은 제자인 플라톤이 글로 남겼다.

그러나 소크라테스는 아마도 워낙 할 일이 많아서 글을 쓰지 않은 석가모니나 예수와 달리 글이라는 매체에 대한 독특한 생각이 있어서 글을 쓰지 않았다. 그는 이렇게 말한다.

일단 글로 쓰이고 나면, 모든 말은 장소를 가리지 않고 그것을 이해하는 사람들 주변과 그 말이 전혀 먹히지 않는 사람들 주변을 똑같이 맴돌면서, 말을 걸어야 할 사람들과 그러지 않아야 할 사람들을 가려 알지 못하네. (플라톤, 『파이드로스』)

말은 상대방과 주고받는 대화 상황에서 나온다. 거기서 질문도 하고 반박도 하고 대답도 하는 것이다. 그러나 말이 글로 바뀌는 순간 그런 구체적 맥락을 알 수 없으므로 말의 진정한 의미가 사라져 버린다는 것이다.

지금과 같은 녹음기나 메신저가 없는 시대이니 말은 입에서 나온 순간 사라져 버린다는 것은 누구나 안다. 그래서 어쩔 수 없이 글로 기록할 수밖에 없는데, 소크라테스의 정신을 백분 이해하고 있는 제자 플라톤은 대화 맥락을 그나마 가장 잘 살릴 수 있는 대화 형식으로 기록한 것이다. 플라톤의 저술이 대화 형식으로 기록된 것은 이런 이유 때문이다.

> [꿀팁] 플라톤의 대화편에는 언제나 소크라테스가 등장하니 소크라테스의 철학이 곧 플라톤의 철학이고, 플라톤의 철학이 곧 소크라테스의 철학이라고 생각된다. 대체로 초기에 쓰인 대화편은 소크라테스의 철학이 반영되어 있고, 중기와 후기에 쓰여진 대화편은 플라톤의 철학이 반영되어 있다고 한다. 우리의 관심인 소크라테스의 문답법은 주로 초기에서 엿볼 수 있다.

논박 목적의 교차 심문

소크라테스의 철학이 기록된 플라톤의 저술은 그래서 '대화편'이라고 불린다. 이 대화는 단순히 형식을 넘어서 소크라테스 철학의 중요한 도구이기도 하다. 소크라테스는 이 대화를 상대방의 무지를 일깨울 목적으로 사용하는데, 이것을 '소크라테스의 문답법'이라고 부른다. 문답법에 해당하는 영어는 elenchus로 고대 그리스어 elenchos에서 나온 말이다. 이것은 논박이나 반박의 목적으로 이루어지는 교차 심문을 뜻한다. 그러니 소크라테스의 '문답법' 대신에 소크라테스의 '논박법'이라고 말해도 된다.

소크라테스의 문답법은 다음과 같은 형식으로 진행된다.

1. 소크라테스는 상대방에게 어떤 개념의 정의를 묻는다.
2. 상대방은 그 물음에 p라는 답변을 제시한다.
3. 소크라테스는 계속 질문을 던져 상대방이 q, r, s, …를 답변으로 제시한다.
4. 소크라테스는 이 q, r, s, …이 앞에서 제시한 답변인 p와 모순됨을 지적한다.
5. 상대방은 p라는 자신의 믿음이 잘못되었다고 인정할 수밖에 없다.

아포리아에 빠지다

여기서 세 가지 점에 주목해야 한다. 첫 번째는 단계 4처럼 모순에 이르렀을 때 '아포리아'(aporia)에 빠졌다고 말한다. 아포리아는 고대 그리스어로 막다른 길을 말한다. 길을 뜻하는 포리아에 부정 접두사 '아'가 붙은 말이다. 앞에서 문답법을 교차 심문이라고 했다.

교차 심문이라고 하면 번갈아 가며 자세히 따져 물어야 하는데, 실은 소크라테스 혼자 일방적으로 묻고 상대방을 궁지에 몰아넣는 방식이다.

두 번째는 단계 3에서처럼 상대방의 숨은 전제를 끄집어내는 것이다. 대화편 『라케스』에서 니시아스는 디시마코스에게 이렇게 말한다.

> 누구든지 소크라테스 선생과 매우 가까이 지내면서 대화를 하는 사람은, 지금 자신이 어떤 방식으로 살아가고 있으며 어떻게 지난 삶을 살았는지 자신에 관해 해명할 때까지, 계속해서 이 사람에게 말로 이리저리 끌려다니지 않을 수가 없습니다.
> (플라톤, 『라케스』)

한마디로 소크라테스에게 탈탈 털린다는 이야기다.

세 번째는 모든 단계를 상대방이 스스로 동의하고 넘어가게 하는 것이다. 소크라테스가 상대방을 모순으로 몰아넣는 게 아니라, 상대방이 모순된 믿음을 가지고 있다는 것을 스스로 인정하게 하는 것이다. 아래에서 볼 『에우티프론』 인용문에서도 "그럴 것 같습니다.",

[꿀팁] 『메논』 편에서 소크라테스와 대화를 주고받다 궁지[아포리아]에 몰린 메논은 소크라테스가 전기가오리와 비슷하다고 말한다. 전기가오리는 소크라테스의 추한 외모를 비유하기도 하고, 상대방의 무지를 일깨운다는 점을 비유하기도 한다.

"그렇겠습니다."처럼 에우티프론이 인정하는 말을 직접 확인할 수 있을 것이다.

경건함이란 무엇인가?

플라톤의 초기 대화편에는 위와 같은 elenchos를 흔하게 볼 수 있다.『에우티프론』은 경건함에 대해,『라케스』는 용기에 대해,『메논』은 덕(탁월함)을 주제로 대화를 나눈다. 이 중 좀 길지만『에우티프론』을 예로 들어 보자. 에우티프론은 아버지를 살인죄로 고소하러 가는 길에 소크라테스를 만나는데, 자신의 행동을 경건하다고 생각하여 경건함에 대해 소크라테스와 대화를 나눈다.

> 소크라테스: 무엇이 경건한 것이고, 무엇이 경건하지 못한 것이라 당신은 주장하오?
>
> 에우티프론: 그러니까 경건한 것이란 지금 제가 하고 있는 바로 이것, 즉 살인과 관련해서건 성물(聖物) 절취와 관련해서건 올바르지 못한 짓을 저지른 자에 대해서, 또는 이런 유의 다른 어떤 잘못을 저지른 자에 대해서, 그가 아버지이건 어머니이건 또는 그 밖의 누구이건 간에, 기소를 하는 것이지만, 기소를 하지 않는 것은 경건하지 못한 것이라 저는 말합니다. …
>
> 소크라테스: 내가 당신에게 대답해 달라고 했던 것은 이것, 즉 여러 경건한 것 가운데 한두 가지를 내게 알려 달라는 것

이 아니라, 그 특성(eidos) 자체, 즉 그것에 의해서 모든 경건한 것이 경건한 것이게 되는 그것을 가르쳐 달라는 것이었다는 것을 당신은 어쨌든 기억하고 있겠구려? 경건하지 못한 것들이 경건하지 못하고, 경건한 것들이 경건함은 한 가지 특성에 의해서라는 걸 당신이 시인했던 것 같으니 말이오. …

에우티프론: 그러니까, 신들의 사랑을 받는 것은 경건하나, 신들의 사랑을 받지 못하는 것은 경건하지 못합니다.

소크라테스: 에우티프론! 아주 훌륭하게, 그리고 내가 당신에게 대답해 주길 청한 그대로, 이번에는 대답을 했소. 그렇지만 진실로 그런지는 내가 아직 모르겠소. … 그런데, 에우티프론! 또한 신들이 다툰다는 것도, 그리고 신들은 서로간에 의견이 달라서, 그들에게는 서로에 대한 적대감까지 있다는 것, 이 점도 언급되지 않았소?

에우티프론: 실은 그랬죠. …

소크라테스: 그렇다면 동일한 것들이 신들한테 미움받기도 하고 사랑받기도 할 것 같거니와, 따라서 동일한 것들이 신들의 미움을 받는 것들이기도 하고, 신들의 사랑을 받는 것들이기도 할 것이오.

에우티프론: 그럴 것 같습니다.

소크라테스: 그러면, 에우티프론! 이 주장에 의할진대, 동일한 것들이 경건한 것들이기도 경건하지 못한 것들이기도 할 것이요.

에우티프론: 그렇겠습니다.

소크라테스: 그렇다면, 보시오! 당신은 내가 물은 것에 대한 대답을 하지 않았소. 왜냐하면 내가 물었던 것은 어쨌든 이것, 즉 동일한 것이면서도 동시에 경건하기도 하고 경건하지 못하기도 한 것에 대한 것이 아니기 때문이오. 신들의 사랑을 받는 것이면, 신들의 미움을 받는 것이기도 할 것 같기에 말이오. 그렇게 되면, 에우티프론, 당신이 아버님을 벌주려고 해서 지금 하고 있는 이 짓을 함으로써, 당신이 제우스에게는 사랑받되 크로노스와 우라노스에게는 미움받는 짓을 하고 있으며, 헤파이스토스에게는 사랑받되 헤라에게는 미움받는 짓을 하고 있다고 할지라도 조금도 놀랄 일이 아니오. 또한 신들 가운데 다른 어떤 신이 다른 신과 이와 관련해서 의견의 차이를 보인다 할지라도, 그들에게 있어서도 이는 마찬가지일 것이오. (플라톤, 『에우티프론』, 박종현 번역)

소크라테스가 경건함의 정의를 묻자 에우티프론은 정의를 하는 것이 아니라 사례를 든다. 그것도 자신이 한 일을. (이어서 다른 사례도 드는데 그 부분은 인용에서 생략했다.) 그러자 소크라테스는 자신이 원한 것은 "여러 경건한 것 가운데 한두 가지"가 아니라 "특성 자체"라고 말한다. 에이도스(eidos)라는 그리스어가 플라톤 철학에서 핵심 개념인 형상(形相), 곧 이데아이다. 즉 경건함의 본질을 말해 달라는 거다. 그러자 에우티프론은 "신들의 사랑을 받는 것"이 경건하다고 정의하는데, 소크라테스로부터 "아주 훌륭하다"는 칭찬까지 받는다. 그러나 칭찬은 잠시고 바로 모순(아포리아)에 이르게 된다. 신들이 여럿이니 어떤 신으로부터는 사랑을 받고 어떤 신으로부터는 사랑을 받지 않는 일이 생길 테고, 그러면 "동일한 것이면서도 동시에 경건하기도 하고 경건하지 못하기도 한" 모순이 생기는 것이다. 물론 당시가 다신교 사회이니 이런 결론이 가능하지만, 대화 상대방도 여러 신이 있다는 것을 받아들이니 거기서 모순을 이끌어 내었다.

이 모순에서 빠져 나오기 위해서는 모든 신이 한뜻으로 사랑하는 것이 경건이라고 말하면 될 것이다. 에우티프론은 그렇게 말한다.

> 저로서야 신들이 모두 사랑하는 것, 이것이 경건한 것이며, 그 반대의 것, 즉 모든 신이 미워하는 것은 경건하지 못한 것이라고 말해야겠군요.

또 가만있을 소크라테스가 아니다. 아주 유명한 딜레마에 빠뜨린다.

> 이런 걸 생각해 보시오. 경건한 것은 그것이 경건하기 때문에 신들한테 사랑받겠소, 아니면 그것이 신들한테 사랑받기 때문에 경건하겠소?

이 딜레마는 17장에서 다시 살펴보겠다.

무지 깨닫기

소크라테스의 문답법은 상대방의 신념이나 주장을 따라가다 보면 모순(아포리아)에 이르게 되어 상대방에게 무지를 깨닫게 하는 방법이다. 그렇다고 해서 소크라테스 스스로 '경건함'이란 이런 것이야, 라고 자신의 정의를 제시하지는 않는다. 그런 점에서 소크라테스의 문답법은 부정적이고 파괴적인 방법에 불과하다고 생각할 수 있다. 일견 맞는 말이다. 그러나 상대방이 가지고 있는 전제를 드러내어 그것을 반성하게 한다는 점에서 구성적이고 생산적인 방법이라고 볼 수도 있다.

소크라테스의 문답법을 일반인들이 배워 쓰기는 쉽지 않다. 소크라테스처럼 상대방을 모순에 이끌게 하는 논리적 분석을 하지 못해서가 아니라, 상대방을 아포리아에 빠뜨리면 그 사람들은 대부분 수치심 또는 분노를 느낄 것이기 때문이다. 그러지 않겠는가? 대화편에 나오는 사람들은 겉으로는 "선생님 말씀이 맞는 것 같습니다."라고 수긍하지만 속마음도 그럴까?『국가』에서 트라시마코스가 "그게 소크라테스만의 지혜지. 아무도 가르치기 싫어하면서, 감사의 말 하나조차도 없이 여기저기 돌아다니며 모두에게 배우는 거."라고 비꼬는 것을 보면 아마도 속으로는 부글부글했을 것이다. 상대방을 봐주지 않는 소크라테스의 문답법은 소크라테스를 죽음에 이르게 한 이유 중 하나이다.

소크라테스의 문답법이 많이 쓰이는 곳은 미국의 로스쿨이다. 교수는 학생들에게 판례를 어떻게 생각하는지 묻고 거기에 숨은 법적 원리를 말하게 한다. 판례는 여러 가지 해석이 가능하고 그 해석에서 정답이 있는 것이 아니라는 점에서 그리고 숨은 법적 원리를 찾는 것이 숨은 전제를 끌어낸다는 점에서 대화편 상황과 비슷하다. 그러나 이런 교수법은 학생들이 심한 모욕감을 느끼게 한다는 점에서도 대화편 상황과 비슷하다. 이런 이유로 문답법의 교육 효과에 의문을 제기하는 사람도 많다고 한다.

> [꿀팁] 영화 〈금발이 너무해〉의 주인공 엘이 입학한 로스쿨 첫 수업에서 스트롬엘 교수는 엘에게 질문하는데 대답을 못하자 망신을 당하고 쫓겨난다. 선배들은 면박을 주고 쫓아내는 것을 '소크라테스식'이라고 말한다.

가족의 본질?

소크라테스의 문답법이 생각과 달리 대화 상대방에게 반감을 산다고 하더라도, 본질(에이도스)을 찾는 과정은 철학적으로 의미가 있는 것 아닐까? 꼭 그런 것도 아니다. 소크라테스의 문답법의 단계 1은 어떤 개념의 정의를 묻는 것이었다. 어떤 개념의 정의를 찾는 과정은 사전을 만드는 사람처럼 언어적인 용례를 찾는 과정이 아니다. 사전은 사람들 간에 의사소통이 가능한 수준의 정의를 찾으면 된다. 소크라테스가 찾은 것은 위 『에우티프론』 대화에서도 보듯이 어떤 개념에 공통되는 특성, 곧 본질을 찾은 것이다. 그래서 어떤 반례도 허용하지 않는 필요충분조건을 찾는다.

그런데 언어 분석 철학을 촉발한 바로 그 비트겐슈타인은 본질을 찾는 과정을 가족을 예로 들어 비판한다. 한 가족을 보면 아버지와 형은 눈매가 닮았다. 형과 동생은 코가 닮았다. 그러나 그 셋을 한 가족으로 묶을 수 있는 공통점은 없다. 그래도 우리는 그들이 같은 가족임을 한눈에 알아본다. 이렇게 닮은 가족끼리는 '가족 유사성'만 있는데, 거기에 공통되는 본질을 찾으려고 하는 소크라테스의 시도는 부질없는 것이라는 게 비트겐슈타인의 주장이다. 어떤 개념에 공통되는 특성이 꼭 없어도 우리는 그 개념을 쓸 수 있다. 경우에 따라서는 에우티프론처럼 사례들을 쭉 늘어놓는 것도 유용한 방법이다. 공통되는 특성을 못 찾더라도, 반례가 좀 있더라도 '쫄' 필요가 없는 것이다.

철학 익힘

문제. (가) ~ (다)의 분석으로 옳지 않은 것은?

(가)

소크라테스: 라케스여! 용기는 무엇인가요?

라케스: ㉠<u>용기는 영혼의 끈기입니다.</u>

소크라테스: 당신은 용기가 아름다운 것들 가운데 하나라고 생각하시지요?

라케스: 가장 아름다운 것들 중의 하나라고 생각합니다.

소크라테스: 그런데 똑똑한 끈기가 아름답고 훌륭하지 않을까요?

라케스: 그야 물론입니다.

소크라테스: 똑똑하지 못한 끈기는 어떨까요? 앞의 것과 반대로 나쁜 결과를 낳고 해롭지 않을까요?

라케스: 네.

소크라테스: 그러면 당신은 나쁜 결과를 낳고 해로운 것이 아름답다고 말하시렵니까?

라케스: 아뇨, 그것은 옳은 말이 아닙니다.

소크라테스: 그렇다면 적어도 그런 종류의 끈기가 용기라고는 동의하시지 않겠네요? 용기는 아름다우니까요.

라케스: 맞는 말씀입니다.

소크라테스: 따라서 당신 말에 따르면 ㉡<u>용기는 똑똑한 끈기가 되겠네요.</u>

라케스: 그럴 것 같네요.

(나)

소크라테스: 그럼 봅시다. 돈을 투자함으로써 돈을 더 많이 벌게 되리라는 것을 알기에 똑똑한 방식으로 끈기 있게 계속 투자를 하는 사람은 어떤가요? 이 자를 용감한 사람이라고 당신은 부르나요?

라케스: 맙소사! 절대로 그렇게 부르지 않죠.

소크라테스: 환자가 먹을 것을 달라고 간청하지만, 의사는 지금 주면 건강에 해롭다는 것을 알고 있기에 굽히지 않고 끈기 있게 거절합니다.

라케스: 이것도 역시 결코 용기가 아니죠.

(다)

소크라테스: 이제 다른 경우를 봅시다. 두 사람의 군인이 있습니다. 한 사람은 똑똑한 계산 하에서, 즉 자신의 부대에 지원군이 올 것이라는 점 그리고 지금 자신의 군대가 더 유리한 지형을 점하고 있다는 것을 알면서 끈기 있게 버팁니다. 반면에 다른 한 사람은 반대편 군대에서 머물며 온갖 어려움 속에서 끈기 있게 버티면서 싸우고자 합니다. 누가 더 용감한가요?

라케스: 소크라테스여! 후자가 더 용감합니다.

소크라테스: 그렇지만 후자의 끈기는 전자의 끈기에 비교할 때 어리석은 것입니다.

라케스: 맞습니다.

플라톤, 『라케스』

① (가)에서 용기에 대한 라케스의 정의는 ㉠에서 ㉡으로 가면서 외연이 줄어들었다.
② (나)에서 소크라테스는 ㉡에 대한 반례를 제시하고 있다.
③ (나)에서 라케스가 동의한 내용에 따라 용기를 다시 정의한다면 그 정의는 ㉡보다 외연이 줄어들 것이다.
④ (다)에서 라케스가 대답한 내용은 ㉠과 양립할 수 없다.
⑤ (다)에서 라케스가 동의한 내용은 ㉡과 충돌한다.

(2013 LEET 추리논증 21번)

대화편 『라케스』는 아들들에게 중무장 전투술을 가르칠지 말지 고민인 뤼시마코스와 멜레시아스가 아테네의 유명한 장군인 라케스와 니키아스를 찾아가서 물어보는 것으로 시작한다. 그들은 소크라테스를 추천하여 대화가 시작된다. 대치동 일타 강사를 찾는 최근의 모습을 보는 것 같다.

『라케스』는 용기가 무엇인지가 주제이다. 라케스는 용기는 "영혼의 끈기(인내)"(㉠)라고 대답한다. (가)를 보면 라케스로부터 "용기는 아름답고 훌륭한 것이다."라는 전제를 끌어낸다. 그런데 모든 용기가 아름답고 훌륭한 것은 아니다. 작전상 후퇴가 유리한데도 전쟁에서 끝까지 버티는 것은 나쁜 결과를 낳고 해롭기 때문이다. 그래서 라케스는 용기의 정의를 "똑똑한 끈기"(㉡)라고 바꾼다. ㉠에서 ㉡으로 가면서 외연이 줄어들었다. ①은 옳은 분석이다.

그런데 (나)에서 제시한 투자자나 의사는 똑똑하기는 하지만 용기 있는 예는 아니라는 데 라케스도 동의한다. 이것이 ㉡에 대한 반례이고, 따라서 ②는 옳은 분석이다. 그리고 그 반례를 배제하려면 ⓒ보다 외연이 더 줄어들 것이다. ③도 옳은 분석이다.

그래서 라케스는 (다)에서 두 군인 중 후자의 군인이 용기 있다고 말한다. 전자의 군인은 (나)의 예처럼 똑똑하지만 용기 있는 경우는 아니기 때문이다. 그러나 후자의 군인은 (가)에서 말한 똑똑하지 못한 경우이다. 곧 라케스는 어리석은 끈기도 용기가 된다고 동의한 것이다. ㉠에서 용기는 영혼의 끈기라고 정의했다. 그 정의는 똑똑한지 어리석은지 구분하지 않는다. 따라서 라케스가 대답한 내용은 ㉠과 양립할 수 있고, ④는 옳은 분석이 아니다. 한편 ⓒ은 똑똑한 끈기가 용기라고 정의했으니 라케스가 어리석은 끈기도 용기가 된다고 동의한 내용은 그것과 정면으로 충돌한다. ⑤는 옳은 분석이다.

이 대화편도 라케스를 모순으로 몰아간다. 라케스는 소크라테스의 지적을 받고 용기의 정의를 똑똑한 끈기로 바꾸었는데, 똑똑하지 못한 어리석은 끈기를 용기 있다고 인정했기 때문이다. 결국 용기에 대해 잘 알고 있는 줄 알았는데 사실은 잘 모르고 있었다고 인정한다.

정답은 ④이다.

7. 사고 실험

"이러면 어떨까?"

　그동안 이 책에서 철학자들은 경험적 연구를 하지 않는다고 여러 번 강조했다. 지금까지 언급한 회의, 개념 분석, 직관 따위를 보라. 모두 안락의자에 앉아서 하면 된다. 또 안락의자에서 가장 잘할 수 있는 일이다. 그런데 철학자들도 실험을 한다. 단 생각으로 실험을 한다. 그게 사고 실험이다.
　사고 실험은 가상의 상황을 상상해서 어떤 주장을 펼치는 것이다. "이러면 어떨까?"라고 순전히 생각만으로 실험해 보는 것이다. 사고 실험은 철학에서 많이 쓰이기는 하지만 철학자의 전유물은 아니다. '진짜' 실험을 하는 과학자들도 쓰는 방법이다. 갈릴레이의 자유 낙하 실험을 갈릴레이가 피사의 사탑에 직접 올라가서 한 것으로 아는 사람이 많은데, 실제로는 생각으로 실험한 것이다.

> [꿀팁] '사고 실험'은 영어 thought experiment의 번역어인데 '사유 실험'이라고도 번역한다. 영어권에서는 thought experiment 대신에 Gendankenexperiment라는 독일어가 그대로 쓰이기도 한다.

갈릴레이 당시까지는 무거운 물체가 가벼운 물체보다 빨리 떨어진다는 아리스토텔레스의 이론이 받아들여졌다. 갈릴레이는 이를 반박하기 위해 무거운 물체와 가벼운 물체를 묶어서 떨어뜨려 보자고 가정한다. 두 물체를 묶으면 좀 더 무거워졌으니 아리스토텔레스의 이론에 따라 묶이기 전보다 더 빨리 떨어진다고 생각할 수 있다. 한편 가벼운 물체가 무거운 물체를 잡아당겨 늦게 떨어지려고 할 테니, 무거운 물체 하나일 때보다는 늦고 가벼운 물체 하나일 때보다는 빨리 떨어진다고 생각할 수 있다. 이렇게 하나의 가정에서 서로 모순되는 결론이 나오므로 애초의 가정, 곧 아리스토텔레스의 이론은 틀렸다는 것이 갈릴레이의 주장이다.*

컴퓨터는 생각할 수 있는가?

철학자들의 사고 실험도 갈릴레이의 사고 실험처럼 특정 가정을 반박하려는 목적으로 하는 경우가 많다. 인공 지능 관련 뉴스에 간혹 등장해서 철학 전공자가 아니어도 많이 아는 미국 철학자 설의 중국어 방 사고 실험이 대표적인 예이다. 인공 지능의 발전으로 인공 지능이 언젠가는 사람과 똑같이 생각하리라 추측하는 사람들이 많다. 설은 어떤 사람이 방 안에 있다고 상상해 보자고 한다.

어떤 방 안에 중국어를 전혀 모르고 영어만 아는 사람이 있다고 가정해 보자. 방 안에는 중국어 글자가 가득 들어 있는 바구니가 있고, 그 중국어 글자를 다룰 수 있는 완벽한 설명서가 있다. 이제 방 밖에서 쪽지로 중국어 질문이 들어온다. 방 안의 사람은 바구니와 설명서를 일일이 찾아 방 밖으로 답변을 내보낸다.

중국어를 전혀 모르는 사람이 아무리 완벽한 설명서가 있다고 해도 글자의 모양만 보고 질문에 대한 답을 방 밖으로 내보낼 수 있을까? 어디까지나 사고 실험이므로 논리적으로 불가능하지 않으면 가능하다고 가정해야 한다. 당연히 시간이 엄청나게 걸리겠지만, 그것이 가능하다고 해 보자. 이때 이 사람이 중국어를 이해하고 질문에 답변했다고 말할 수 있는가? 이 사람은 중국어의 모양만 보고 일을 처리한 것이므로 그렇게 말할 수 없다는 것이 상식일 것이라고 설은 생각한다. 다들 짐작하겠지만, 중국어 방은 컴퓨터를 비유한 것이다. 설명서는 프로그램, 바구니는 데이터베이스를 비유한다. 컴퓨터는 중국어 방 안의 사람과 달리 엄청나게 빨리 일 처리를 할 것이다. 그래도 중국어 방 안의 사람이 중국어를 이해한다고 말할 수 없다면 컴퓨터도 이해하고 일 처리를 한 것이 아니다. 결국 인공 지능은 아무리 발전해도 사람처럼 생각할 수 없다는 것이 설의 주장이다.**

허황한 사고 실험

사고 실험은 반박 목적이 아니라 적극적인 주장 목적으로도 쓰인다. 3장과 4장에서 살펴본 전지전능한 악마 사고 실험은 데카르트의 의도와 달리 회의론을 지지하는 사고 실험으로 이해된다. 전지전능한 악마가 있어서 모든 것을 속일 수 있다면 우리가 가진 지식은 정당화되지 않는다. 나는 컴퓨터 앞에 앉아서 글을 쓰고 있다고 믿지만 사실은 전지전능한 악마가 그렇게 속인 것일 수 있다. 나뿐만 아니라 전 인류는 2 더하기 3이 5라고 믿는다. 그러나 사실은 4인데 우리가 계산할 때마다 전지전능한 악마가 그렇게 속인 것일 수 있다.

> [꿀팁] 지은이가 쓴 『라플라스의 악마, 철학을 묻다』(개정증보판, 2015)는 사고 실험으로 철학에 입문하도록 한 책이다. 사고 실험은 그만큼 철학에서 흔하다.

데카르트의 회의론이 지지되기 위해서는 그 전제가 되는 전지전능한 악마가 가능해야 한다. 철학자들이야 논리적으로 모순만 없으면 뭐든지 상상하지만, 전지전능한 악마가 정말로 있다고 진지하게 생각하는 사람은 없다. 그런데 가상 현실의 발달로 전지전능한 악마가 단순히 논리적으로 모순이 없는 정도가 아니라 꽤 그럴듯해지고 있다. 〈매트릭스〉를 비롯한 여러 공상 과학 영화가 그것을 보여 준다.

영화 〈매트릭스〉가 나오기 전에 현대 미국의 철학자 퍼트넘은 영화를 예측한 듯한 사고 실험을 제시했다. '통 속의 뇌' 사고 실험이 그것인데 전지전능한 악마의 현대적인 버전이라고 할 수 있겠다.

배양액이 든 통 속에 뇌가 담겨 있다. 그리고 그 뇌에 슈퍼컴퓨터가 연결되어 뇌에 자극을 보내 현실과 똑같은 경험을 만든다. 이 세상에는 사실 통 속의 뇌와 슈퍼컴퓨터밖에 없는데 나는 이 세상이 실재한다고 믿는다.

전지전능한 악마의 역할을 슈퍼컴퓨터가 대신 맡는 것이다.
 이런 사고 실험을 싫어하는 철학자들도 있다. 지금 대표적인 세 가지 사고 실험을 소개했지만 모두 허황하다고 생각하기 때문이다. 아무리 중국어 글자 바구니가 풍부하고 설명서가 잘 되어 있더라도 중국어를 전혀 모르는 사람이 어느 세월에 그걸 찾아 질문을 이해하고 답변을 할 수 있을까? 전 인류는커녕 나를 속일 수 있는 악마가 어디 있다는 말인가? 아무리 컴퓨터가 발전해도 〈매트릭스〉 같은 상황이 가능할까? 통 속의 뇌는 그 정도가 아니라 아예 이 세상이 없고 슈퍼컴퓨터와 통 속의 뇌만 있다는 가정인데 그것은 더 허황한 것 아닌가? 이런 사고 실험이나 하고 있으니 철학자들이 안락의자에 앉아 쓸모없는 일을 한다고 비난받는 것 아닌가?

철학자의 극한 작업

그러나 철학자들이 사고 실험을 즐겨 쓰는 이유가 있다. 인공 지능이 과연 사람을 대체할 수 있을지는 누구나 관심이 있다. 그러나 그 논쟁은 대체로 인공 지능이 얼마나 발전해야 하는지에 달려 있다. 거기에 답하기 위해서는 기술의 발전 정도를 알아야 하고 기술의 발전에 따라 그 답이 달라진다. 그러나 중국어 방 사고 실험의 장점은 인공 지능이 얼마나 발전하든지 상관없이 인공 지능은 생각할 수 없다고 주장한다는 점이다.

전지전능한 악마는 상상하는 데 아무런 논리적 모순이 없다. 이 말은 뒤집으면 전지전능한 악마가 불가능하다는 것을 알지 못한다는 뜻이다. 불가능하지 않다면 그것을 검토해 보는 것이 올바른 철학적 자세 아닐까? 휴대 전화를 개발하는 사람들은 사람이 거의 살지 않는 극한 또는 극서의 지역 상황까지 고려한다고 한다. 원자력 발전소도 5000년에서 1만 년에 한 번 일어날까 말까 한 지진에 대비하여 설계한다고 한다. 1장에서 철학자의 안락의자 작업이 수학자와 비슷하다고 말했다. 엄격한 필연성과 보편성을 추구한다는 점에서도 철학의 진리는 수학의 진리와 비슷하다. 철학자들이 거의 일어날 것 같지 않은 극단의 상황까지 고려하는 사고 실험을 즐기는 것은 바로 필연성과 보편성을 얻기 위해서이다.

철학 익힘

* 갈릴레이의 자유 낙하 사고 실험은 2015 PSAT 언어논리 30번 문항으로 출제되었다.
** 중국어 방 사고 실험은 2005 PSAT 언어논리 36번 문항으로 출제되었다.

문제. 다음 글의 논지를 강화하는 진술을 〈보기〉에서 모두 고르면?

인간의 의식을 이해하려면 인간이 세계 속에서 세계에 반응하며 삶을 영위하는 방식을 살펴보아야 한다. 의식을 이해하려면 이처럼 뇌보다 더 큰 체계의 수준에서 고찰할 필요가 있다. 의식은 뇌 안에서 생성되는 것이 아니라, 우리가 주변의 세계와 역동적으로 상호작용하는 동안 만들어진다. 즉 의식은 뇌와 몸과 외부 세계의 상호작용을 요구한다. 의식은 그렇게 환경의 맥락 안에 있는 동물의 활동으로 이루어진 산물이다. 의식의 주체는 뇌가 아니다. 달리 말하자면, 당신은 당신의 뇌가 아니다. 뇌는 당신의 일부에 지나지 않는다. 물론 뇌가 필요하다는 것, 뇌의 특성이 의식의 면면에 영향을 미친다는 것은 부인할 수 없다. 그러나 의식이 있으려면 뇌만으로는 안 된다.

만일 의식이 뇌 안에서 생겨나는 것이라면, 실험용 접시나 플라스틱 통 속에 의식을 가진 뇌를 담는 일이 최소한 원리적으로 가능해야 한다. 그러나 그것은 터무니없는 생각이다. 만약 통에 담긴 뇌가 의식을 가지고 있다면, 최소한 그 통은 뇌에 대사활동에 필요한 영양을 공급하는 장치와 더불어 노폐물을 배출하는 장치를 갖추고 있을 것이다. 우리의 몸이 하는 것처럼 뇌로 보내는 자극을 통제할 수 있으려면 그 통은 아주 세련되고 다양한 기능들을 갖추고 있어야 한다. 이 사고 실험의 세부사항들을 충분히 생각해 본다면, 그런 통은 살아 있는 몸과 비슷한 어떤 것이 되어야 한다는 사실이 분명해진다. 결국 우리는 의식의 자리가 생리적인 뇌의 범위를 넘어서까지 펼쳐져 있다는 것과 우리처럼 몸을 갖고 주변 환경과 상호작용하면서 살아가는 동물에게만 의식이 있을 수 있다는 사실을 깨닫게 된다.

〈보기〉

ㄱ. 통 속의 뇌에 충분한 영양이 공급되더라도 외부 세계와 정보를 교류할 수 있는 장치가 없다면 인간의 의식이 나타나지 않는다.
ㄴ. 뇌 영상을 통해 뇌의 각 부분이 활성화되는 양상을 관찰함으로써 어떤 종류의 인지작용이 진행되고 있는지 추정할 수 있다.
ㄷ. 뇌를 다른 몸에 이식하는 수술이 성공하더라도 이식된 뇌가 이식 전과 동일한 의식을 가지고 작동하지는 않는다.
ㄹ. 어떤 사람이 지닌 의식의 특성을 이해하려 할 때 그 사람의 신체 구조를 살피는 것은 도움이 안 된다.

① ㄱ, ㄴ
② ㄱ, ㄷ
③ ㄴ, ㄹ
④ ㄱ, ㄷ, ㄹ
⑤ ㄴ, ㄷ

(2013 PSAT 언어논리 38번)

본문에서 사고 실험이 허황하다고 싫어하는 철학자들이 있다고 말했다. 사고 실험을 전반적으로 부정할 것이 아니라 특정 사고 실험에서 어디가 문제인지 지적하여 의도한 목표를 달성하지 못한다고 비판하면 그만이다. 그것이 철학적 토론 과정이기도 하다. 위 문항도 통 속의 뇌 사고 실험이 성립하지 못한다고 비판한다. (12장 철학 익힘에서는 감각질 사고 실험을 비판하는 문항이 소개된다.) 의식이 있기 위해서는 뇌만 있어서는 안 되고, 몸과 외부 세계의 상호작용까지 있어야 하기 때문이다. 통 속의 뇌 사고 실험을 지지하는 쪽에서는 다시 몸과 외부 세계의 상호작용도 결국에는 뇌의 의식 작용으로 구현되므로, 영양분이 공급되는 뇌에서 몸과 외부 세계의 상호작용이 있는 것처럼 만들어 내면 충분하다고 주장할 것이다.

ㄱ. 의식은 뇌뿐만 아니라 몸과 외부 세계의 상호작용을 요구한다는 것이 논지이다. 따라서 외부 세계와 정보를 교류할 수 있는 장치가 없다면 인간의 의식이 나타나지 않는다는 진술은 논지를 강화한다.

ㄴ. 윗글은 의식은 뇌 안에서 생성되는 것이 아니라고 부정한다. 그런데 뇌 영상을 통해 인지 작용을 알 수 있다고 말하니 논지를 오히려 약화한다.

ㄷ. 의식은 뇌뿐만 아니라 몸과 외부 세계의 상호작용이 필요하다는 것이 논지이다. 따라서 뇌를 다른 몸에 이식하는 수술이 성공하더라도 이식된 뇌가 이식 전과 동일한 의식을 가지고 작동하지는 않는다는 것은 논지를 강화한다.

ㄹ. 의식은 뇌뿐만 아니라 몸과 외부 세계의 상호작용이 필요하

다는 것이 논지이다. 따라서 어떤 사람이 지닌 의식의 특성을 이해하려 할 때 그 사람의 신체 구조를 살피는 것은 도움이 안 된다는 것은 논지에 반하는 진술이다.

정답은 ②이다.

8. 자연주의

철학적 자연주의

 이 책에서 철학자들은 경험적 연구를 하지 않는다는 것을 주야장천 강조했다. 지난 장의 사고 실험은 그 정점이다. 그런데 철학자 중에서 여기에 반대하는 사람이 없을까? 백 명의 철학자가 있으면 백 가지 철학이 있다고 말했는데 없을 리가 없다. 선험적 연구를 반대하는 대표적 철학 방법론은 '자연주의'이다.
 '자연주의'라고 하면 자연적인 본성에 따라 사는 것을 중요시하거나 자연의 아름다움을 드러내는 것을 강조하는 이론이라고 생각하는 사람이 많을 것 같다. 예술이나 교육에서는 그런 뜻으로 쓰이는 것 같다. 그러나 철학에서 자연주의라고 할 때 '자연'은 '자연 과학'을 말한다. 곧 철학에서 자연주의는 자연 과학의 방법으로 철학적 문제를 설명하려는 시도를 말한다. 상식적으로 떠올리는 자연주의와 달리 좀 메말라(?) 보이는 자연주의이다.

귀신을 믿는 철학자

철학이 아무리 안락의자에 앉아서 하는 활동이라고 하더라도 아무 생각이나 막 던지는 것이 아니라 근거를 갖춘 논증을 사용한다고 2장에서 말했다. 그 근거로 상식이나 직관만 쓸 수는 없다. 과학적 지식도 가져다 써야 한다. 사실 상식도 편견일 수 있으니 정확히 말하면 과학적으로 검증이 된 상식만 근거로 쓰는 것이다. 이렇게 보면 과학의 지식을 가져다 쓴다는 자연주의를 철학자가 받아들이지 않을 이유가 없을 것 같다.

이런 자연주의가 위력을 가장 드러내는 철학의 영역은 심신 문제이다. 심신 문제는 마음(정신)과 몸(물질)의 관계를 연구하는 형이상학의 한 주제인데, 데카르트에서 본격적으로 시작되었다. 데카르트는 정신은 물질과 완전히 별개의 실체라고 주장했다. '실체 이원론'이라고 부르는 이 이론을 지지하는 현대 철학자는 거의 없다. 신경과학의 발달로 정신은 뇌에서 일어나는 과정이라는 것을 모두 알고 있는데, 정신이 물질과 별개라고 믿는 것은 귀신이 있다고 믿는 것

> [꿀팁] 과학의 세례를 받은 현대인은 정신은 뇌에서 일어난다고 믿는다. 20세기 영국의 철학자 라일은 정신이 물질과 별개로 존재한다고 믿는 사람은 기계 속에 유령이 있다고 믿는 사람과 같다고 말한다. 그리고 그런 생각은 '데카르트의 신화(myth)'라고 부른다. 우리말 '신화'에는 그런 뜻이 없지만 영어 myth는 근거 없는 헛된 믿음을 뜻하기도 한다.

이나 다름이 없기 때문이다. 물론 뇌는 아주 복잡한 물질이므로 신경과학은 아직 정신의 아주 일부분밖에 알지 못하지만, 그동안 과학이 발달한 양상을 보면 언젠가는 알게 되리라고 가정하게 만든다.

찍어서 맞추면 아는 것인가?

철학에서 논란이 되는 자연주의는 이런 자연주의가 아니다. 철학을 아예 과학으로 대체하려고 하는 인식론의 자연주의가 철학에서 논란이 된다. 구분하기 위해 이름을 붙인다면 앞에서 본 자연주의는 '존재론적 자연주의'이고, 지금부터 볼 자연주의는 '인식론적 자연주의' 또는 '방법론적 자연주의' 정도 되겠다.

인식론은 지식이 무엇인지 묻는 철학의 분과이다. 4장에서 플라톤이 지식이 갖추어야 할 세 가지 조건을 내세움을 보았다. 일단 믿음이어야 하고 참이어야 하며 정당화가 되어야 한다. '정당화된 참인 믿음', 이것이 철학에서 오래된 지식의 정의이다. 정당화한다는 것은 왜 그것을 참이라고 믿는지 이유를 제시할 수 있어야 한다는 뜻이다. 가령 시험 문제에서 3번을 답으로 '찍었는데' 맞았다고 해 보자. 이때 우리는 답을 '알았다'고 말하지 않는다. 3번이 답이라는 믿음도 있고 그 믿음은 참으로 드러났지만 왜 그런지 이유를 제시하지 못했기 때문이다. 다시 말해서 정당화를 하지 못했기 때문이다.

미약한 입력과 충만한 출력

그러던 차에 1969년 미국의 철학자 콰인은 「자연화된 인식론」이라는 철학사에서 중요한 논문을 발표한다. 위 '정당화된 참인 믿음'이라는 지식의 정의에서 가장 중요한 작업은 '정당화'이다. '믿음'은 심리학의 영역이고 '참'인지 밝히는 것은 개별 학문의 영역이므로, '정당화'가 인식론의 고유한 영역인 것이다. 그런데 콰인은 인식론에서 정당화 작업을 폐기해야 한다고 주장한다. 인간은 감각을 통해 세상을 경험하고 그것을 바탕으로 세상에 대한 지식을 쌓는다. 인식론자들에게 신기한 것은 (일반인들은 그게 뭐 신기하냐고 그러겠지만) 감각은 그리 많이 하지 않았는데 상당히 많은 지식을 쌓는다는 것이다.

전통적인 인식론자들은 감각 경험이라는 증거가 지식이라는 이론을 어떻게 정당화하는지에 관심을 두고, 여러 정당화 이론을 제시했다. 그러나 철학사를 공부한 사람들은 알겠지만 철학에서는 그 정당화가 실패한다는 회의론이 득세한다. 그래서 콰인은 인식론자들은 정당화에 관심을 가질 것이 아니라, "미약한 입력과 충만한 출력 사이의 관계"에 관심을 가져야 한다고 주장한다. 우리는 믿음을 어떻게 형성하는지 심리적 메커니즘의 인과성을 밝혀야 한다는 것이다. 그런 작업은 인지 심리학의 영역이다. 그래서 다음과 같은 유명한 말을 한다.

인식론 또는 그 비슷한 어떤 것은 단지 심리학의 한 장(chapter), 곧 자연 과학으로 자리잡는다. (콰인, 「자연화된 인식론」)

콰인은 무턱대고 이렇게 주장하는 것이 아니라 철학을 경험에서 분리하는 오래된 전제를 무너뜨리는 방식으로 주장한다. 칸트는 참·거짓이 경험과 무관하게 판별되는 분석 판단과 경험을 통해 판별되는 종합 판단을 구분했다. "총각은 미혼의 남성이다."가 철학자들이 흔히 예로 드는 분석 판단이다. 총각이 정말로 미혼의 남성인지 알기 위해서 총각들을 실제로 한 명씩 조사할 필요는 없기 때문이다. '총각'이라는 말이 무슨 뜻인지 알면 된다. 반면에 "이순신은 총각이다."는 참인지 거짓인지 알기 위해서 역사책을 뒤져 보거나 누군가에게 물어봐야 하므로 종합 판단이다.

칸트 이전의 라이프니츠나 흄도 분석-종합이라는 말만 안 썼지 비슷한 구분을 했고, 콰인 직전의 논리 실증주의까지도 이 구분은 당연하게 받아들여졌다. 콰인은 「경험론의 두 독단」이라는 논문에서 이 구분이 유지되지 못한다고 부정했다.

"모든 총각은 결혼하지 않은 남자이다."가 분석 판단인 이유는 '총각'과 '결혼하지 않은 남성'이 동의어라는 데 있다. 그 둘을 동의어라고 볼 수 있는 근거는 그 둘을 서로 바꾸어 써도 참·거짓값에 변화가 없다는 것이다. 그런데 "모든 심장을 가진 동물은 심장을 가진 동물이다."에서 '심장' 대신에 '신장'으로 바꾸어 쓴 "모든 심장을 가진 동물은 신장을 가진 동물이다."는 참·거짓값에는 변화가 없지만 분석 판단은 아니다. 왜 그런지 묻는다면 전자의 문장과 달리 후자의 문장은 필연적으로 참이지 않기 때문이라고 대답해야 한다. 그런데 필연적으로 참이지 않다는 말은 곧 분석적이지 않다는 말이다. 결국 분석성이 무엇인지 물었는데 다시 분석성으로 돌아오고 말았다. 이런 순환성이 있기에 분석-종합의 구분에는 근거가 없다.

분석과 종합이 구분되지 않는다고 주장하는 근거는 아주 분석적인 논증이다!*

바다 위에서 배 고치기

철학자들은 철학은 과학과 독립적일 뿐만 아니라 다른 차원에서 메타적인 작업을 한다고 생각해 왔다. 구미어에서 '메타'(meta)라는 접두어는 '다음에'나 '너머서'라는 뜻인데, 여러 학문들이 쭉 있다면 철학은 그 너머에 독립적으로 있다는 뜻이다. 아마도 다른 학문들을 내려다보면서 있다고 보는 게 '메타적'의 더 정확한 의미일 것이다. 그런데 철학의 주요한 분과인 인식론이 과학의 한 장에 불과하다는 것은 다른 학문들과 나란히 있다는 뜻이 된다. 이러면 철학의 독립성은 훼손된다. 콰인이 자연주의를 내세우게 만든 회의론은 흄을 비롯해서 철학 내부에서 진작에 나온 것이다. 그러나 콰인은 회의론도 과학의 한 주장으로 이해한다는 점에서 전통적인 회의론자와 다르다. 물에 담긴 젓가락이 굽어 보이는 것을 과학이 설명하는 것처럼, 세상에 관한 잘못된 지식은 과학으로 얼마든지 설명 가능하다는 것이다. 그래서 20세기 초반의 논리 실증주의자인 노이라트가 말한 '바다 위에서 배 고치기' 비유를 끌어들여 다음과 같이 주장한다.

> 나는 철학을 과학의 선험적 근거로 보지 않고 과학과 연속되어 있다고 본다. 철학과 과학은 같은 배를 타고 있고, 바다 위에서 항해하면서 배를 고친다. 외부의 관점도 없고 제일 철학도 없다. (콰인, 『존재론적 상대성과 여타 논문들』)

규범과 선험

어떤 지식이 정당하다는 것은 그 믿음을 믿어도 된다는 뜻이다. 다시 말해서 그 믿음을 지닐 만한 가치가 있고, 그 믿음을 안 믿거나 모순된 믿음을 믿으면 안 된다는 가치 판단이 들어 있다. 이런 점에서 인식론은 '규범적' 학문이다.

정당화에 관해서는 여러 이론들이 제시된다. 이 이론들은 인식론을 공부했으면 배웠을 텐데, 가장 기초적인 믿음을 통해서 정당화된다는 토대론, 믿음들끼리 정합적이면 정당화된다는 정합론, 쓸모가 있으면 정당하다는 실용론 등이 그것이다. 철학자들은 이때 심리학 등의 경험적 방법을 이용하지 않는다. 그런 점에서 '선험적' 방법을 쓴다. ('선험'의 '先' 때문에 '선험'이 경험에 앞선다고 생각하기 쉬운데, 정확하게 말하면 경험과 무관하다거나 독립적이라는 뜻이다.) '규범적'과 '선험적', 이것은 철학의 방법론을 특징 짓는 핵심 용어이다.

그런데 인식론이 과학 중 하나라면 그런 특징은 없어진다. 감각

기관이 얻은 증거가 이러이러한 과정을 통해 지식이 되었다는데 거기에 무슨 옳고 그름(규범)이 있겠는가? 그리고 증거가 지식이 되는 과정을 안락의자에 앉아서 알 수는 없고 인지 심리학의 방법을 사용해야 알 수 있으니 선험적일 수도 없는 노릇이다. 그래서 많은 철학자들은 존재론적 자연주의는 지지해도 인식론적 자연주의 또는 방법론적 자연주의는 반대한다. ('많은' 철학자라고 했지만 지은이의 특정 입장이 개입된 말인지 모르겠다.)

철학 익힘

* 콰인의 이 논증은 2017 수능 국어 영역 16~20번 문제의 지문으로 출제되었다.

문제. 다음 글에 대한 분석으로 적절한 것만을 〈보기〉에서 모두 고르면?

'자연화'란 자연 과학의 방법론에 따라 자연 과학이 수용하는 존재론을 토대 삼아 연구를 수행한다는 의미이다. 심리학을 자연 과학의 하나라고 생각하는 철학자 A는, 인식론의 자연화를 주장하기 위해 다음의 〈논증〉을 제시하였다.

〈논증〉
(1) 전통적 인식론은 적어도 다음의 두 가지 목표를 가진다. 첫째, 세계에 관한 믿음을 정당화하는 것이고, 둘째, 세계에 관한 믿음을 나타내는 문장을 감각 경험을 나타내는 문장으로 번역하는 것이다.
(2) 전통적 인식론은 첫째 목표도 달성할 수 없고 둘째 목표도 달성할 수 없다.
(3) 만약 전통적 인식론이 이 두 가지 목표 중 어느 하나라도 달성할 수가 없다면, 전통적 인식론은 폐기되어야 한다.
(4) 전통적 인식론은 폐기되어야 한다.
(5) 만약 전통적 인식론이 폐기되어야 한다면, 인식론자는 전통적 인식론 대신 심리학을 연구해야 한다.

(6) 인식론자는 전통적 인식론 대신 심리학을 연구해야 한다.

〈보기〉

ㄱ. 전통적 인식론의 목표에 (1)의 '두 가지 목표' 외에 "세계에 관한 믿음이 형성되는 과정을 규명하는 것"이 추가된다면, 위 논증에서 (6)은 도출되지 않는다.

ㄴ. (2)를 "전통적 인식론은 첫째 목표를 달성할 수 없거나 둘째 목표를 달성할 수 없다."로 바꾸어도 위 논증에서 (6)이 도출된다.

ㄷ. (4)는 논증 안의 어떤 진술들로부터 나오는 결론일 뿐만 아니라 논증 안의 다른 진술의 전제이기도 하다.

① ㄱ
② ㄷ
③ ㄱ, ㄴ
④ ㄴ, ㄷ
⑤ ㄱ, ㄴ, ㄷ

(2021 PSAT 언어논리 12번)

철학 공부를 했거나 본문을 읽은 독자라면 위 문항의 '철학자 A'는 콰인임을 얼른 짐작할 수 있을 것이다. 그리고 (1)의 두 가지 목표 중 첫째는 회의론에 의해 달성될 수 없고, 둘째는 인식론이 아니라 심리학의 일이므로 달성될 수 없다는 것도 알 수 있을 것이다.

ㄱ. (3)에서 전통적 인식론이 두 가지 목표 중 어느 하나라도 달성

할 수가 없다면 전통적 인식론은 폐기되어야 한다고 말했다. 그리고 "세계에 관한 믿음이 형성되는 과정을 규명하는 것"이라는 새로운 목표는 본문에서 언급했듯이 전통적 인식론이 아니라 심리학이 할 일이다. 따라서 새로운 목표를 추가한다면 (6)은 도출되지 않는다는 분석은 적절하지 않다.

ㄴ. 역시 (3)에서 한 가지 목표라도 달성할 수가 없다면 전통적 인식론은 폐기된다고 말했으므로, (2)가 '그리고'로 기술되든 '또는'으로 기술되든 상관이 없다. 적절한 분석이다.

ㄷ. (4)는 (2)와 (3)으로부터 전건 긍정식(modus ponens)에 의해 나오기도 하지만, (5)와 함께 전건 긍정식의 전제가 되어 (6)이 나오도록 한다. 따라서 (4)가 논증 안의 어떤 진술들로부터 나오는 결론일 뿐만 아니라 논증 안의 다른 진술의 전제이기도 하다는 분석은 적절하다. 전건 긍정식이 무엇인지는 20장을 보라.

내용은 인식론의 자연화에 관한 것이지만, 실제로는 그것을 몰라도 되고 논증 구조만 보고 푸는 문제이다.

정답은 ④이다.

9. 반성적 평형

원칙을 유지할 수 없을 때

지금까지 소개한 철학자의 생각법 중 회의나 상식, 개념 분석 따위는 제목을 보면 무엇을 하는 생각법인지는 대충 알 것 같다. 반면에 사고 실험이나 자연주의는 얼른 짐작이 가지 않는다. 이번에 소개하려고 하는 '반성적 평형'도 마찬가지이다.

우리는 살아가면서 흔하게 윤리적 판단을 한다. 작게는 종이컵을 쓰지 말아야 한다거나 크게는 낙태는 옳지 않다는 판단이 그런 예이다. 그런데 이런 윤리적 판단에는 어떤 원칙이 숨어 있다. 가령 종이컵을 쓰지 말아야 한다는 판단에는 환경을 지키는 일이 중요하다는 원칙, 낙태는 옳지 않다는 판단에는 생명은 소중하므로 해쳐서는 안 된다는 원칙이 그것이다.

그런데 이런 규칙을 적용하다 보면 받아들일 수 없는 결과가 생길 때가 있다. 예컨대 생명은 소중하다는 원칙을 적용해서 태아를 죽이는 낙태는 옳지 않다는 추론을 했다. 그러나 그 원칙을 똑같이 적용하면 모기를 잡아서도 안 되고 치킨도 먹어서는 안 된다. 모기나 닭이나 모두 소중한 생명이기 때문이다.

현실과 평형 유지하기

원칙을 적용할 때 받아들일 수 없는 결과가 생기면 자신이 가지고 있는 원칙을 반성해야 한다. 대부분의 사람들은 자신이 가지고 있는 원칙을 바꾸기를 저어한다. 그러나 추론에서 일관성 또는 정합성은 꼭 지켜야 하는 덕목이니 (☞16장) 원칙에 어떻게든 손을 봐야 한다. 대부분의 사람들은 그 원칙을 폐기하기보다는 수정하는 쪽을 선택한다. 이것이 '반성적 평형'(reflective equilibrium)이다. 자신이 가지고 있는 원칙이 절대적으로 옳다고 생각하지 않고 그것을 '반성'해 보며, 현실과 '평형'을 이루려고 노력하는 것이다. 원칙과 현실 사이에서 균형 잡기를 한다고 말할 수 있다.

> [꿀팁] 진화 심리학자들은 사람들이 원칙을 바꾸지 않으려는 경향이 있는 것은 원칙을 바꾸면 에너지가 많이 들어 진화에 도움이 안 되기 때문이라고 설명한다. 그런 점에서 사람들은 대체로 보수적인 성향이 있다.

"생명은 소중하다."라는 위 원칙은 반성적 평형을 거쳐 "인간의 생명은 소중하다."라고 수정하면 된다. 물론 이 원칙도 반성의 대상이 된다. 그 반성의 과정이 곧 윤리적 사고가 진행되는 과정이다.

정의의 정의

'반성적 평형'이라는 말은 20세기 미국의 철학자 굿맨이 제시한 개념이다. 이 개념을 쓰지 않았지만 반성적 평형은 철학자들이 진작부터 쓰는 방법이다. 플라톤의 『국가』에는 (대부분의 철학적 문제는 플라톤을 뒤지면 나온다) 케팔로스가 정의(正義)는 "진실을 말하고 받은 것을 갚아주는 것"이라고 정의(定義)한다. 케팔로스는 정의가 무엇이라는 원칙을 제시한 것이다. 그러자 소크라테스는 다음과 같이 말한다.

> 가령 어떤 사람이 멀쩡했을 때의 친구한테서 무기를 받았다가 후에 그 친구가 미친 상태로 와서 그것을 돌려주기를 요구한다면, 그런 걸 돌려주어서도 안 되거니와, 그런 걸 되돌려주는 사람이 그리고 더 나아가 그와 같은 상태에 있는 사람에게 진실을 죄다 말해 주려고 드는 사람이 정의로운 것은 결코 아니라고 누구나 말할 것이라는 겁니다. (플라톤, 『국가』, 박종현 옮김)

이 인용문은 이 책에서 말한 몇 가지 생각법이 들어 있다. 첫째, 소크라테스가 "누구나 말할 것이라는 겁니다."라고 말하는 것은 상식에 의존해서 상대방의 원칙이 적용되지 않음을 보여 준다(☞4장). 둘째, 상대방을 아포리아에 빠뜨리는 소크라테스의 대화법이기도 하다(☞6장). 여기에 반성적 평형이 덧붙여진다. 소크라테스는 논박 목적으로 이 대화를 했지만, 우리는 케팔로스가 정합적인 사람이라면 자신의 도덕 원칙을 '반성'하여 '평형'하게 만드리라 기대할 수 있다. 진실을 말하고 받은 것을 갚아주더라도 상대방에게 해를 끼치거나 나쁜 결과를 가져와서는 정의가 아니라고 말이다.

> [꿀팁] 케팔로스와의 대화는 플라톤의 『국가』 1권에 나온다. 케팔로스는 노인으로 방패를 팔아서 부자가 된 사람이다. 소크라테스는 정의에 관한 대화를 하기 전에 케팔로스와 노년의 삶을 주제로 잠시 대화를 나눈다. 아래 철학 익힘에 그것이 나온다.

케팔로스도 정의의 정의에 포함한 것처럼 우리는 진실을 말해야 한다는 도덕 원칙을 가지고 있다. 물론 거짓말을 해도 된다는 원칙을 갖고 사는 사람도 많지만 우리는 그런 사람들과 친하게 지내려고 하지 않는다. 그런 우리마저도 그 원칙을 실제 사례에 적용할 때는 고민에 빠질 때가 많다. 직장 동료가 새 옷을 입고 "예쁘지?"라고 묻는다. 나는 안 예쁘다고 생각하지만 "그래."라고 영혼 없는 대답을 한다. 나는 원칙을 어긴 것일까?

여기에도 반성적 평형이 들어간 것이다. 한편으로는 "진실을 말해야 한다."라는 도덕 원칙을 가지고 있지만, 다른 한편으로는 그것을 적용하는 과정에서 "상대방에게 해를 끼치거나 나쁜 결과를 가져올 때는 진실을 말하지 않아도 된다."라고 도덕 원칙을 수정한 것이다.

반성적 평형이라는 말을 몰라도 우리는 일상에서 이런 반성을 자주 한다. 내가 성경에는 오류가 없고 성경 말씀에 따라 살아야 도덕적이라고 믿는 사람이라고 해 보자. 나는 평상시에 어린아이를 죽이는 것은 옳지 않다고 생각한다. 그런데 성경을 읽다 보니 이렇게 적혀 있다.

> 하느님께서는 '부모를 공경하여라.' 하셨고 또 '아버지나 어머니를 욕하는 자는 반드시 사형을 받아야 한다.' 하셨다. (마태오의 복음서, 15장 4절)

부모를 공경하라고 말한 바로 다음에 아버지나 어머니를 욕하는 자는 사형시켜라고 말한 것을 보니, 아버지나 어머니를 욕하는 자는 자식일 것이다. 그러면 어린이라도 아버지나 어머니를 욕하면 사형시켜야 한다! (아마 출애굽기 21장 17절에 "부모를 업신여기는 자는 반드시 사형에 처하여야 한다."고 나온 말을 예수가 인용한 듯하다. 어쨌든 거기서도 어린이가 부모를 업신여기면 사형에 처해야 한다는 결론이 나온다.) 일관되고 정합적인 사람이 되고 싶으면 이제 고민을 한다. 어린아이도 부모를 업신여기고 욕하면 죽여야 하나? 먼저 끝까지 그 원칙을 고수하는 사람도 있을 것이다. (이는 '울며 겨자 먹기'로 받아들이는 것인데 16장에서 설명하겠다.) 아니면 성경에는 오류가 없다는 생각을 버리고, 하느님이 실제로 저런 말을 안 했는데 성경 기록자가 잘못 썼다고 생각할 수도 있다. 그것도 아니면 적어도 도덕 문제는 성경에 따라 판단해서는 안 된다고 결심할 수도 있다. 이런 식으로 우리는 일상에서 자신의 윤리적 신념을 조정하는 반성적 평형 과정에 참여한다.

좁은 반성적 평형과 넓은 반성적 평형

　반성적 평형 개념을 만든 사람은 굿맨이지만 널리 알린 철학자는 『정의론』으로 유명한 롤스이다. 그는 윤리학에서 정당한 의사 결정은 도덕적으로 뛰어난 능력을 가진 사람이 도덕적으로 숙고해서 내리는 판단이라고 말한다. 이때 '도덕적으로 뛰어난 능력을 가진 사람'은 도덕 엘리트를 말하는 것은 아니고, 일관되고 정합적으로 판단하는 합리적 사람을 말한다. 방금 성경 해석을 놓고 고민하는 사람이 그런 사람이다. 그리고 '숙고된 도덕 판단'은 윤리 원칙을 구체적 사례에 적용해서 반성하고 평형을 맞추어 가는 것을 말한다.

　롤스의 제자인 대니얼스는 '좁은 반성적 평형'과 '넓은 반성적 평형'을 구분한다. 롤스에서처럼 도덕적 원칙과 숙고된 도덕 판단들 사이의 정합성만 추구하는 것이 좁은 반성적 평형이다. 위 케팔로스의 예에서 보듯이 원칙을 반성하게 되는 계기는 상식이나 직관과 맞지 않게 되는 때가 많다. 그런데 한 사회의 상식이나 직관이 특정 인종은 학살해도 되고 노예 제도는 유지해도 된다는 것이면 어떨까? 그런 시절이 있었고 지금도 그런 사회가 있다. 그런 상식에 맞추게 되면 기껏 반성적 평형을 한 결과가 특정 인종 학살과 노예 제도에 면죄부를 줄 수 있다. "진실을 말해야 한다."라는 도덕 원칙이 "자신에게 유리할 때가 아니라면 진실을 말해야 한다."(다시 말해서 "자신에게 유리하지 않으면 진실을 말하지 않아도 된다.")라고 너덜너덜해질 수도 있다. 숙고된 판단은 편견이나 역사적 우연의 산물이기 때문이다.

그래서 대니얼스는 도덕 원칙과 숙고된 도덕 판단뿐만 아니라 배경 이론들과의 정합성도 추구하는 넓은 반성적 평형을 그 대안으로 제시한다. 배경 이론은 철학자들이나 과학자들이 폭넓게 받아들이는 이론을 말한다. 사람은 피부색이나 태어난 신분에 상관없이 인권을 존중받아야 한다는 것은 근세 이후 합의된 정의 이론이다. 설령 사람들의 편견이 특정 인종이나 신분에 혐오를 보인다고 해도 특정 인종 학살과 노예 제도를 반대하는 것이 이 이론과의 정합성을 유지하는 것이다. 이것이 넓은 반성적 평형이다.

뒤앙-콰인 논제

지금 윤리 원칙을 조정하는 과정을 반성적 평형이라고 말했지만, 애초에 굿맨은 꼭 윤리적 추론이 아니라 추론의 타당성 일반에 대해 언급했다. 우리가 올바른 결론이라고 믿는 다양한 사례들과 비교했을 때 추론 규칙이 잘 유지되는지 검토하여 추론 규칙을 정당화하자는 것이었다. 따라서 반성적 평형은 윤리 원칙을 넘어 모든 사고 규칙에서 쓰는 방법이다.

윤리 원칙과 현실 사이에서 균형 잡기 하는 것이 반성적 평형이라고 했다. 과학 이론에서 현실에 해당하는 것은 경험적 증거이다. 과학 이론이 경험에 의한 관찰 및 실험과 일치하지 않는다고 드러나면 바로 폐기할까? 20세기 초반에 프랑스의 물리학자이자 과학철학자인 뒤앙은 과학 이론은 부수적인 조건과 하위 이론을 무수히 많이 포함하는 복잡한 진술이기 때문에 설령 이론과 경험적 증거 사이에 불일치가 있다고 해도 그 이론을 바로 거부할 수 없다고 말했다. 이론과 경험적 증거 사이에 불일치가 드러난다고 하더라도 그것은 어딘가 잘못이 있다는 것을 말해 줄 뿐이지, 이론 그 자체가 잘못되었다는 것을 말해 주지는 않는다는 것이다. 예를 들어 코페르니쿠스 지동설의 핵심 이론은 지구가 태양을 중심으로 운동한다는 것인데, 단순히 원운동한다는 것만으로는 행성 궤도의 경험적 증거를 설명할 수가 없었다. 그렇다고 해서 지동설을 거부할 것인가? 케플러는 행성들이 원형이 아닌 타원형 궤도를 따라 태양 주위를 돌고 있다고 이론을 일부 수정하여 이론과 경험적 증거의 불일치를 해소했다.

뒤앙의 주장은 콰인에 의해 널리 알려진다. 앞 장에서 콰인은 분석 판단과 종합 판단이 엄격히 구분되지 않는다고 주장했음을 살펴보았다. 콰인은 우리의 지식 체계는 구(球)의 형태를 하고 있다고 상정하고, 구의 주변부에는 경험과 직접 충돌하는 지식이 있고 구의 중심부로 갈수록 경험과 직접 충돌하지 않는 지식이 있다고 말한다. 주변부 지식이 경험에 의한 관찰 또는 실험과 일치하지 않아 폐기되더라도 중심부 지식에는 별 영향이 없다. 주변부 지식과 그것보다 조금 더 중심부에 가까운 지식만 수정할 것이다. 그러나 필요할 때는 중심부 지식을 수정할 때도 있다. 이때는 전반적인 변화가 되겠지만, 중심부 지식이라도 원칙적으로 수정의 대상이 될 수 있다. 심지어 논리 법칙과 같은 분석 판단마저도 그것을 적용했을 때 문제가 충분히 일어난다면 수정의 대상이다. 콰인의 이런 주장은 검증의 단위가 개별 주장이 아니라 이론 전체이기 때문에 총체주의

(holism)라고도 부르고, 뒤앙-콰인 논제라고도 부른다.*

반성적 평형은 이렇게 윤리 원칙뿐만 아니라 과학적 지식에도 적용할 수 있고, 우리의 일상생활에도 적용할 수 있다. 현명한 사람이라면 새로운 증거와 새로운 아이디어를 받아들여 자신의 신념을 계속 조정해 나간다. 그래야 꽉 막힌 사람이 아니다.

> [꿀팁] 총체주의의 영어 holism은 전체를 뜻하는 그리스어 holos에서 나왔다. holism이라고 해서 '구멍주의'가 아니다! holism은 '전체주의'라고 번역해도 되는데, 전체주의는 totalitarianism을 떠올리게 해서 총체주의라고 다르게 번역한다.

철학 익힘

* 앞 장에서도 말했지만 콰인의 이 논증은 2017 수능 국어 영역 16~20번 문제의 지문으로 출제되었다.

문제. 다음의 논쟁에 대한 진술로 옳지 않은 것은?

케팔로스: 나이 든 사람들은 보통 노년에 나타나는 자신들의 온갖 불행이 나이 때문이라고 합니다. 하지만 진짜 원인은 나이가 아니라 오직 사람들의 생활 방식입니다. 훌륭한 생활 방식을 가지고 살아온 경우에는, 노인일지라도 나이 때문에 불행해지지 않기 때문입니다.

소크라테스: 사람들은 어르신께서 노년을 수월하게 지내시는 것은 훌륭한 생활 방식 때문이 아니라 많은 재산 때문이라고 생각할 것입니다. 부자들에게는 위안거리가 많다고들 하니까요.

케팔로스: 그들의 주장에도 일리가 있기는 하지만, 그렇더라도 그들이 생각하는 만큼은 아닙니다. 비슷한 예를 하나 들어보겠습니다. 작은 섬나라인 세리포스 출신의 어떤 사람이 테미스토클레스에게 "당신이 유명한 것은 당신이 훌륭해서가 아니라 아테네 사람이기 때문"이라고 비난했습니다. 테미스토클레스는 "내가 세리포스 사람이었다면 유명해질 수 없었겠지만, 당신이 아테네 사람이어도 유명해질 수는 없었을 것"이라고 대꾸했지요. 그 사람이 어느 나라 사람인지도 무시할 수는 없지만 개인의 훌륭함 없이 유명해질 수는 없다는 것입니다. 그러니 훌륭한 생활 방식을 가진 사람이더라도 가난하다면 수월하게 노년을

보낼 수 없겠지만, 훌륭하지 못한 생활방식을 가진 사람이 부유하다고 해서 수월하게 노년을 보내는 일도 없을 것입니다.

① 케팔로스의 처음 주장은 그가 전달하는 일반적인 의견에 대한 반론의 성격을 가지고 있다.
② 소크라테스가 언급하는 '사람들'의 생각은 케팔로스의 처음 주장에 대한 반론의 성격을 가지고 있다.
③ 테미스토클레스의 예는 하나의 현상에 대한 원인 분석과 관련해서 케팔로스의 재반론과 동일한 논리적 구조를 갖는다.
④ 케팔로스의 결론은 소크라테스의 지적에도 불구하고 노년을 수월하게 보내는 데는 훌륭한 생활 방식이 반드시 필요하다는 것이다.
⑤ 소크라테스의 지적에도 불구하고 케팔로스는 재반론을 통해 노년의 불행 원인에 관한 그의 처음 주장을 변함없이 견지하고 있다.

(2009 LEET 추리논증 예비시험 30번)

본문에도 나온 케팔로스와 소크라테스의 대화이다. 케팔로스는 노인들이 자기가 불행한 것은 나이 때문이라고 불평하는데 그건 틀린 소리라고 말한다. 나이 때문이 아니라 생활 방식이 훌륭하지 않아서라고 반론한다.

나이 먹었다고 불평하는 노인네들 들으라고 하는 말이다. 그러자 소크라테스는 그건 당신이 부자라서 그런 거라고 반론한다. 요즘 말로 하면 팩폭(팩트 폭격)을 하니 케팔로스는 뜨끔할 것 같은데 재반론을 잘한다. 훌륭한 생활 방식이 있어도 가난하면 행복하지 않겠지만, 생활 방식은 훌륭하지 못한데 부자이기만 해서는 또 행복한 것은 아니라고 말이다. 자기가 행복한 것은 부자이기도 하지만 생활 방식도 훌륭해서라는 것이다.

그런데 위 인용문에 이어지는 대화에서 케팔로스는 부자여서 좋은 점이 뭐냐고 묻자 남을 속이거나 거짓말하지 않을 수 있어서 좋다고 말한다. 위 대화에서는 부자이기만 하고 생활 방식이 훌륭하지 않으면 꼭 행복한 것은 아니라고 했는데, 이 말에 따르면 부자여야 생활 방식도 훌륭하게 될 것 같다. 가난한 소크라테스를 '먹이는' 말 같기도 하다. 한편 케팔로스는 나이가 들어 좋은 점도 말하는데, 그것은 성적 욕망을 쉽게 통제할 수 있어서 좋다고 말한다. 이것은 400년쯤 후에 키케로도 『노년에 관하여』에서 한 말인데, 초긍정적 삶의 자세이다.

① 생활 방식이 훌륭하면 노인일지라도 불행해지지 않다는 주장은 노인들이 나이 때문이라고 불행하다는 세속의 의견을 반박한 것이다. 일반적인 의견에 대한 반론의 성격을 가지고 있다는 진술은 옳다.

② 소크라테스는 위 케팔로스의 반론에 '사람들'의 생각을 대변하여 그건 당신이 부자여서 그런 것이 아니냐고 다시 반론한다. 옳은 진술이다.

③ 케팔로스는 어느 집단에 속하는지가 안 중요한 것은 아니지만 개인이 어떤 사람인가가 더 중요하다고 말하기 위해 테미스토클레스의 예를 든다. 따라서 테미스토클레스의 예나 케팔로스의 재반론이나 논리적 구조가 같다는 진술은 옳다.

④ 케팔로스는 노년을 수월하게 보내기 위해서는 부유하기도 해야 하지만 생활 방식도 훌륭해야 한다고 주장한다. 따라서 노년을 수월하게 보내는 데는 훌륭한 생활 방식이 반드시 필요하다는 진술은 옳다.

⑤ 케팔로스는 처음에는 생활 방식이 훌륭해야 노년이 행복하다고 말했다가, 나중에는 부유하기도 하고 생활 방식도 훌륭해야 한다고 바꾼다. 케팔로스는 소크라테스의 반론을 통해 그 나름대로 반성적 평형을 하고 있는 것이다. 그러므로 노년의 불행 원인에 관한 그의 처음 주장을 변함없이 견지한다는 진술은 옳지 않다.

정답은 ⑤이다.

10. 철학사의 이용

철학사에 관심 없는 철학자

5장에서 철학을 공부한다고 하면 어떤 철학자를 전공하느냐는 질문이 많이 들어온다고 말했다. 그러면 나는 분석적 전통의 철학을 공부하는 사람으로서 특정 철학자가 아니라 특정 철학적 주제를 연구 대상으로 한다고 대답하지만, 수학이나 물리학을 예로 들어 설명하기도 한다. 수학자나 물리학자가 기하학이니 양자 물리학이니 하는 것을 전공한다고 말하지, 힐베르트나 아인슈타인을 전공한다고 말하지 않는 것과 비슷하다고 말이다.

그런데 동시에 1장에서는 철학을 공부하는 방법으로 철학적 주제 말고 철학사를 공부하는 방법도 소개했다. 그리고 이 책에는 플라톤이나 데카르트 등 철학사의 인물들이 자주 등장하지 않는가?

그러나 철학사를 거론하는 의도가 좀 다르다. 데카르트가 방법적

> [꿀팁] 역사를 강조하고 역사가 중요한 위치를 차지하는 것은 철학뿐만 아니라 인문학 전체의 전통이다. 역사학은 말할 필요가 없고 문학도 항상 과거의 작품을 들여다본다. 이 점에서 인문학은 사회 과학이나 자연 과학과 다르다.

회의 논변을 제시했다고 하자. 분석적 경향의 철학자는 이 논변이 정당한지에 관심이 있다. 또는 데카르트에서 '방법적 회의'라는 방법만 쏙 가져다 쓴다. 반면에 데카르트를 철학사로 연구하는 철학자는 데카르트가 비록 부당한 논변을 펼쳤더라도 어떤 과정을 거쳐서 그런 결론에 이르렀는지, 데카르트의 철학에서 다른 부분과는 어떤 연관을 맺는지 드러내는 게 주된 관심사이다. 데카르트에게 영향을 준 철학자나 데카르트가 영향을 준 철학자도 관심의 대상이다.

철학사 vs 사상사

철학과가 아니라 역사학과에서도 '철학의 역사'를 연구한다. 그러나 역사학계에서는 '철학사'라고 하지 않고 '사상사'라고 부른다. 사상사를 연구하는 학자와 철학사를 연구하는 학자는 접근하는 방법이 많이 다르다. 철학사는 철저히 그 철학자의 텍스트 그리고 그와 관련된 다른 텍스트에만 접근한다. 특정 철학자가 제기한 철학 논증이 관심의 대상인 것이다. 반면에 사상사에서는 그 철학자가 살았던 시대의 정치적·사회적·문화적 맥락 또는 철학자 개인의 환경이나 사제 관계 등도 살펴본다. 그런 것들을 토대로, 왜 그런 사상이 나오고 후대에 어떻게 이어지게 되었고 현대에는 어떤 영향을 끼쳤는지에 관심이 있다.

  1장에서 했던 건축물 비유를 또 해 보자. 사람들은 오래된 사찰이나 궁궐을 관광객으로 구경한다. 관광객 중 한 명은 일반인으로 철학 공부를 하는 사람이다. "아는 만큼 보인다."라고 했다. 가이드의 도움을 받으면 가장 빨리 더 많이 알 것이다. 어떤 가이드는 이 건물의 구조가 어떻고 비슷한 다른 건물과는 어떻게 다른지에 집중하여 설명한다. 또 다른 가이드는 이 건물이 어느 시대에 무슨 이유로 만들어졌는지에 집중하여 설명한다. 비유하자면 첫 번째 가이드는 철학사학자이며, 두 번째 가이드는 사상사학자이다. 자신도 집을 짓기 위해 건축물을 유심히 보는 사람도 있다. 이 건축물은 어느 부분에 문제가 있으며 이런 식으로 새로 고치면 좋을 것 같다고 생각한다. 그 사람은 분석적 전통의 철학자이다.

  이 비유를 보면 알겠지만 분석적 전통의 철학자라고 하더라도 철학사를 공부해야 한다. 다른 사람이 지은 건축물을 보지 않고서 어떻게 자기 건물을 짓겠는가? 철학사는 철학적 접근을 밑도 끝도 없이 시작하지 않게 한다. 수학이나 물리학을 공부하겠다는 사람이 혼자서 머릿속으로 셈을 해 보고 혼자서 실험을 해 보지는 않는다. 교과서를 가지고 시작한다. 철학사는 그 교과서 역할을 한다. 철학사로 이루어진 교과서가 수학이나 물리학처럼 확립된 이론으로만 서술되지는 않는다. 논쟁거리이기는 하지만 후대에 큰 영향을 끼치는 이론 위주로 꾸려져 있다. 오히려 철학에서는 뻔한 이론보다 논쟁이 많이 되는 이론이 가치가 있다. 그런 이론을 모아 놓은 것이 철학 교과서이다.

인간 지성의 맨 끝

더구나 철학은 다루는 주제의 특성상 '확립된 이론'이라는 게 성립하지 않는다. 철학은 인간 지성의 맨 끝에 있다. 예컨대 평범한 사람들은 사과가 떨어지는 것을 보고 "사과가 떨어진다."라는 지식을 쌓지만, 과학자는 거기서 법칙을 발견한다. 철학자는 다시 그 법칙의 근본적인 성격을 묻는다는 점에서 지성의 맨 끝에 위치해 있는 것이다. "사과가 떨어진다."라는 지식은 떨어지는 사과가 없으면 거짓이고, 과학자의 법칙은 설명이나 예측이 제대로 되지 않으면 더 이상 법칙의 자리를 누리지 못한다. 그것들은 한번 지식의 자리를 잃으면 그만이다. 그러나 그런 검증이 쉽지 않은 철학 논증은 과거의 것이라도 언제든 재발견되고 이용될 수 있다.

철학이 다른 학문 또는 상식과 다른 또 다른 점은 철학은 자신의 근본 전제마저 의심한다는 것이다. 상식인이나 과학자는 자신이 딛고 있는 토대는 절대 의심하지 않으며 그럴 수도 없다. 그러나 철학자는 자신의 존재, 자신의 지식, 자신이 쓰는 방법론 등 무엇이든 의심한다. 그 의심을 하다 보면 애초에 철학적 고민을 하기 시작한 고대 그리스까지 자연스럽게 거슬러 올라가게 되는 것이다.

철학사를 강조한다고 해서 "그건 플라톤에 이미 다 있는 말이야."나 "칸트는 그렇게 말 안했는데."처럼 선배 철학자를 전가의 보도로 삼는다는 말은 아니다. 철학사를 강조할 때 흔히 영국의 철학자이자 수학자인 화이트헤드의 "철학사는 플라톤의 주석에 불과하다."라는 말이 많이 인용된다. 그는 정확하게는 주저인 『과정과 실재』에서 다음과 같이 말했다.

> 유럽의 철학적 전통을 가장 안전하게 일반적으로 규정하는 방법은 그것이 플라톤에 대한 일련의 주석으로 이루어졌다는 점이다.

이 말이 "철학사는 플라톤의 주석에 불과하다."라고 알려졌다. 그러나 화이트헤드의 이 말을 옛날 것을 강조하는 말로 알아들으면 오해이다. 화이트헤드는 위 인용문에 이어서 다음과 같이 말한다.

> 나는 학자들이 플라톤의 저술에서 의심 없이 뽑아낸 도식적인 사고 틀을 말하는 것이 아니다. 나는 거기에 흩어져 있는 일반적인 개념들이 얼마나 풍부한지 넌지시 말한 것이다.

화이트헤드는 플라톤의 철학이 풍부하게 해석될 수 있음을 말한 것이다. 그러니 옛날 철학자의 말이라도 얼마든지 자유롭게 해석해도 된다. 그렇게 해석하면 안 된다고 비판받겠지만 그런 과정이 철학적 토론이고 사고이다.

단물 빼먹기?

그러므로 철학사를 들여다보더라도 거기에 철학사학자로서 접근하지 않는 철학자라면 속속들이 파헤칠 필요는 없다. 특정 철학사

개념에서 필요한 부분만 가져오면 된다. 그런 철학자에게 철학사학자가 "그건 그런 뜻이 아닌데요."라고 말하는 것은 논점에서 벗어난다. 라이프니츠의 '가능 세계'는 신학적인 맥락에서 제기된 개념이다. 그는 이 세상에 악이 있다는 것을 변명하기 위해 신이 만들 수 있는 가능 세계 중 가장 좋은 세계가 이 세상이라고 말했다. 그러나 현대 철학에서 가능 세계는 논리학 개념으로 쓰인다. 라이프니츠는 몰라도 된다. 그래도 된다. 다만 라이프니츠의 가능 세계 개념이 있다는 것을 알기 위해서는 철학사를 많이 읽어야 할 것이다. 철학사는 우리에게 풍부한 상상력과 논의할 거리를 만들어 주는 화수분단지이다.*

철학 익힘

* 논리학의 가능 세계 개념은 2019 수능 국어 39~42번 문항과 2023 LEET 추리논증 16번 문항의 지문으로 출제되었다. 실제로 거기서 라이프니츠는 언급되지 않는다.

※ 다음 글을 읽고 물음에 답하시오.

검찰은 10년 전 발생한 이리나 씨 살인 사건의 범인을 추적하던 중 범인이 박을수라는 것을 밝혀내었다. 하지만 박을수는 7년 전 김갑수로 개명 신청하였다. 또한 5년 전에 일본인으로 귀화하여 대한민국 국적을 잃었고 주민등록까지 말소되었다. 하지만 검찰은 김갑수를 10년 전 살인 사건의 피의자로 기소했다. 김갑수는 성형수술로 얼굴과 신체의 모습이 달라졌을 뿐만 아니라 지문이나 홍채 등 개인 신체 정보로 활용되는 생체 조직을 다른 사람의 것으로 바꾸었다.

김갑수의 변호사는 법정에서 다음과 같이 변호했다. "비록 10년 전 박을수가 그 사건의 살인범이라 하더라도 지금의 피고인은 몸뿐만 아니라 성격도 박을수와 완전히 딴판입니다. 심지어 피고인의 가족도 그를 박을수로 여기지 않습니다." 변호사의 논변을 이루는 전제들은 모두 참이다. 판사는 변호사의 전제들로부터 "따라서 현재의 피고인은 살인을 저지른 그 박을수가 아니다."라는 결론을 도출해서는 안 되는 이유가 있는지 살펴보았다. 성형수술로 신체 일부가 달라졌을 뿐만 아니라 성격마저 딴판으로 변한 현재의 피고인을 10년 전의 박을수와 동일한 인물로 간주해야 하는가?

검사는 김갑수와 박을수가 동일 인물이라면서 다음 사례를 들었다. "불국사의 다보탑은 천오백 년의 시간 동안 낡고 훼손되었을 뿐만 아니라 몇 차례의 보수 작업을 통해 상당한 수준의 물리적 변화를 겪었습니다. 하지만 그것은 다보탑 2.0 같은 것이 아니라 여전히 다보탑입니다."

이에 대해 변호사는 다음 사례를 들어 반론했다. "한 화가가 유화 작품 한 점을 제작하고 있다고 합시다. 그는 일단 작품을 완성했지만 그림의 색조에 변경을 가하기로 마음먹고 화폭 전반에 걸쳐 새로운 색을 덧입히기 시작했습니다. 또 그 과정에서 화면의 새로운 색조와 어울리지 않는 모티프를 제거했습니다. 이렇게 해서 나온 작품을 원래 작품과 '동일한' 작품이라고 부르기 어려울 것입니다. 경우에 따라서 화가가 그림에 새로 찍은 점 몇 개가 그림을 완전히 다른 작품으로 만들 수 있습니다."

문제. 다음 〈원칙〉에 따를 때, 김갑수의 유죄 여부에 관한 판단으로 적절하지 않은 것은?

〈원칙〉
- 사람은 책임을 물을 수 있는 존재이다.
- 시공간에 따라 지속되는 정체성을 갖지 못하는 것에게 책임을 물을 수 없다.
- 과거의 대상이 시간의 흐름 속에서 끊어지지 않고 주변 환경과 인과관계를 맺으면서 현재의 대상까지 이어져 왔다면, 과거의 대상과 현재의 대상 사이에 역사적 연속성이 있다.

○ 책임을 물을 수 있는 두 대상 사이에 역사적 연속성이 있는 경우, 그리고 오직 그 경우에만 둘의 정체성이 일치한다.

① 만일 박을수가 주변 환경과 인과 관계를 맺으면서 현재의 김갑수가 되었다면, 김갑수는 이리나 씨를 죽인 사람이다.
② 김갑수가 박을수와 역사적 연속성을 갖고 있다 하더라도, 이리나 씨를 죽인 사람이 김갑수라고 판단해서는 안 된다.
③ 김갑수에게 유죄 판결을 내리기 위해서는 무엇보다 그가 시공간에 따라 지속되는 정체성을 갖고 있다고 가정해야 한다.
④ 만일 국적, 생김새, 성격 등의 변화가 역사적 연속성을 깨뜨리지 않는다면, 변호사의 변론은 김갑수의 무죄를 입증하지 못한다.
⑤ 만일 지문, 홍채 등과 같은 개인 생체 정보의 지속만이 개인 정체성 지속의 요건이라면, 이리나 씨의 살인범으로 김갑수에게 책임을 묻기 어렵다.

(2014 PSAT 언어논리 39~40번. 39번 문항은 생략했다.)

이 문제를 보고 '테세우스의 배'를 떠올리는 사람은 철학사를 공부한 사람이다. 역사가 현재와 미래를 비추는 거울이듯이, 철학사는 현재의 여러 문제들(심지어 시험 문제까지)을 풀게 만드는 거울의 구실을 한다.

테세우스는 플루타르코스의 『영웅전』에도 나오는 그리스 신화의 영웅이다. 그 책에서는 테세우스의 배를 수리한다는 말만 나오는데, 그것을 철학적 질문으로 만든 철학자는 근세 영국의 홉스이다.

테세우스의 배를 수리하는데 하루는 널빤지 하나를 교체했다. 다음 날은 또 하나를 교체했다. 이런 식으로 널빤지를 교체하다 보니 몇 년이 지나 원래의 널빤지는 하나도 남지 않고 모두 새 널빤지로 바뀌었다. 한편 배를 수리하던 인부는 교체한 널빤지를 버리지 않고 모아 두었다가 똑같은 배를 조립했다. 이제 새로운 널빤지로 교체한 배와 헌 널빤지로 조립한 배 두 척이 있다. 어느 쪽이 진짜 테세우스의 배인가? 이것이 테세우스의 배 문제이다. 조금씩 변화하는 테세우스의 배를 원래의 배와 동일한 배라고 부를 수 있는 근거는 무엇인지를 묻는 동일성[정체성] 문제이다.

위 문항은 김갑수 씨와 다보탑과 유화 작품에 테세우스의 문제를 적용한 것이다. 〈원칙〉에 나오는 내용이 정체성에 관한 정보를 주고 있고, 그것을 토대로 해서 답을 찾으면 될 것이다.

① 세 번째 원칙에서 주변 환경과 인과 관계를 맺으면서 현재의 대상까지 이어져 왔다면 역사적 연속성이 있다고 말했다. 따라서 만일 박을수가 주변 환경과 인과 관계를 맺으면서 현재의 김갑수가 되었다면, 김갑수는 이리나 씨를 죽인 사람이라는 진술은 적절하다.

② 방금 말한 세 번째 원칙에 따르면 김갑수가 박을수와 역사적 연속성을 갖고 있으면 정체성이 같다. 따라서 이리나 씨를 죽인 사람이 김갑수라고 판단해서는 안 된다는 진술은 적절하지 않다.

③ 두 번째 원칙에서 시공간에 따라 지속되는 정체성을 갖지 못하는 것에게 책임을 물을 수 없다고 말했으므로, 김갑수에게 유죄 판결을 내리기 위해서는 무엇보다 그가 시공간에 따라 지속되는 정체성을 갖고 있다고 가정해야 한다는 진술은 적절하다.

④ 세 번째와 네 번째 원칙에 따르면 역사적 연속성이 있어야 책임을 물을 수 있다. 따라서 국적, 생김새, 성격 등의 변화가 역사적 연속성을 깨뜨리지 않는다면, 변호사의 변론은 김갑수의 무죄를 입증하지 못한다는 진술은 적절하다.

⑤ 김갑수 씨는 지문, 홍채 등과 같은 개인 생체 정보도 바뀌었다고 말했다. 그리고 네 번째 원칙에서 말했듯이 정체성은 책임을 묻는 근거이다. 따라서 그것의 지속만이 개인 정체성 지속의 요건이라면 이리나 씨의 살인범으로 김갑수에게 책임을 묻기 어렵다는 진술은 적절하다.

정답은 ②이다.

2부

철학자의 논증법

11. 선결문제 요구의 오류

아리스토텔레스가 만든 논증

다른 논증 이름들은 내용을 정확히 몰라도 이름을 들으면 뭐 하는 논증인지 대충은 짐작이 간다. 반증이나 유비를 들으면 어느 정도 감이 오지 않는가? 그러나 '선결문제 요구의 오류'는 이름을 들어도 무슨 내용인지 감이 오지 않는다.

선결문제 요구의 오류는 아리스토텔레스가 처음 언급한 역사가 오래된 논증이다. 이름에 오류가 붙은 것을 보니 다른 사람의 논증을 비판할 때 쓰일 것이다. 이것은 입증하려고 하는 것을 오히려 가정하는 것을 말한다. 논증이란 자신이 주장하려고 하는 결론을 입증하는 일이다. 이때 전제들을 사용해서 결론을 입증한다. 당연한 말이지만 입증하려고 하는 결론을 전제로 다시 사용해서는 안 된다. 만약 그런다면 선결문제 요구의 오류를 저지른다.

[꿀팁] 선결문제 요구의 오류의 영어는 'beg the question'이다. 이것은 라틴어 petitio principii를 번역한 것이다. 그런데 현대 일상 영어에서는 영어 낱말 뜻 그대로 "질문을 하게 만들다"라는 뜻으로 쓰이는 경우가 많다. 가령 누가 프로젝트를 발표하면 "어, 질문하게 만드네요. 경비는 누가 댈 거에요?"라고 말한다. 이것은 논리학 용어는 아니다.

순환 논증과 논점 선취

입증하려고 하는 결론을 전제로 사용한다고 해서 "A이므로 A이다."라는 식으로 결론과 똑같은 전제를 사용하는 사람은 없다. 선결문제 요구의 오류는 결론인 A와 사실은 같은 말인데 약간 바뀐 말을 전제로 내세울 때 생긴다. 얼른 들었을 때 같은 말인지 몰라서 오류인지 모르고 속아 넘어갈 수 있다. 예를 들어 "저 지원자는 왜 떨어졌어요?"라고 물었을 때 "우리 회사에 뽑기에는 적합하지 않아서요."라고 대답했다고 하자. "(선발에서) 떨어졌다"는 말이나 "회사에서 뽑기에 적합하지 않다"는 말이나 결국 같은 말이다. 애초에 질문한 사람은 이런 대답을 들었을 때 수긍이 되지 않고 다시 물어볼 것이다. "왜 우리 회사에 뽑기에 적합하지 않아요?" 그때 "그래서 떨어졌잖아요."라고 대답할 것인가? 이런 종류의 선결문제 요구의 오류를 '순환 논증'이라고도 부른다. 질문과 대답이 뺑뺑 돈다. "저 사람은 대머리야." "왜?" "머리카락이 없어서." "왜 머리카락이 없어?" "대머리거든." 흔한 순환 논증이다.

더 어려운 종류의 선결문제 요구의 오류는 전제로 내세운 것이 결론과 같은 말은 아니지만 아직 입증이 안 된 것이다. 대체로 현재 논란이 되고 있는 것을 당연하게 가정해서 그대로 전제로 가져다 쓸 때 생긴다. 누군가가 "신은 존재한다. 성경에 그렇게 쓰여 있으니까."라는 논증을 했다고 해 보자. 신 존재를 두고 논쟁하는 사람들은 성경이 믿을 만한지부터가 논쟁거리이다. 그런데 위 논증은 성경에 쓰인 것은 당연하게 참이라고 가정하고 있다. 이런 선결문제의 유구는 '논점 선취의 오류'라고도 부른다. 논점을 입증해야 하는데 그러지 않고 먼저 가져다 써서[선취] 그런 이름이 붙었을 것이다.

생기가 없으면 죽는다

순환 논증은 간단한 형태이기 때문에 일상생활에서는 가끔 저질러지지만, 철학을 비롯한 학문의 영역에서는 찾기 어렵다. 거기서는 대체로 위에서 어려운 종류라고 말한 선결문제 요구의 오류가 저질러진다. 생기(生氣)가 있다고 주장하는 철학자들이 있다. "생기가 넘친다"라거나 "생기를 잃었다"라고 말할 때의 그 생기이다. 우리는 일상에서 이런 말을 쓰면서 정말로 생기라는 것이 있어서 이것이 넘치거나 없어진다고 생각하지는 않는다. 어디까지나 비유적인 표현임을 안다. 인간 신체의 활동을 설명할 길이 없던 과거 시대에는 생기를 가정함으로써 그것을 손쉽게 설명할 수 있었다. 그러나 기계론이 발흥한 이후에도 이런 것을 가정한다면 문제가 된다. 니체가 말한 '힘에의 의지'나 베르그송 철학에서의 '생명의 약동'(엘랑 비탈)이 생기와 같은 종류의 개념이다.

생기가 있다고 주장하는 쪽은 그런 것은 존재하지 않는다는 비판에 대해 생기가 없으면 생명체는 죽고 마는데 어떻게 그런 주장을 할 수 있느냐고 대답한다. 생기가 있느냐 없느냐는 지금 논란 중인 주제이다. 다시 말해 선결문제이다. 그런데 그것을 가정함으로써 자신의 주장을 뒷받침하는 것은 전형적인 선결문제 요구의 오류이다.

"나는 생각한다. 고로 나는 존재한다."의 오류

철학을 잘 모르는 사람도 소크라테스 하면 "너 자신을 알라."라는 명언이 생각나듯이 데카르트 하면 "나는 생각한다. 고로 나는 존재한다."를 떠올린다. 이 말을 (데카르트는 영어로 말한 게 아닌데도) 영어로 "I think therefore I am."이라는 것은 물론, 라틴어로 "Cogito ergo sum"이라는 것을 아는 사람도 있다. 이 말은 "나는 ○○한다. 고로 나는 존재한다."라는 무수한 패러디를 낳기도 한다. 그런데 이것도 선결문제 요구의 오류의 혐의가 있다. 데카르트는 내가 존재한다는 것을 입증하기 위해서 내가 생각한다는 것을 전제로 삼고 있다. 그러나 '내'가 생각한다면 이미 내가 존재한다는 것을 가정하고 있다. 내가 존재한다는 것을 입증하기 위해 내가 존재한다는 것을 가정한 것이다.

"나는 생각한다. 고로 나는 존재한다."를 선결문제 요구의 오류로 해석하는 것은 사실 논란거리이다. 데카르트의 저술 중 이 말이 등장하는 곳이 여러 군데인데 『성찰』에서는 "고로"[그러므로] 없이 "나는 생각한다. 나는 존재한다."라고 쓰고 있다. 곧 그는 "나는 생각한다."와 "나는 존재한다."는 논리적 도출 관계가 아니라 "나는 생각한다"는 것을 보면 직관적으로 생각하는 '나'가 있어야 하지 않느냐고 말하는 것으로 해석할 수 있다. 반면에 『방법서설』이나 『철학의 원리』에서는 프랑스어나 라틴어로 "나는 생각한다. 고로 나는 존재한다."라고 "고로"를 넣어서 말하므로, 그때는 논리적 도출 관계로 해석된다. 논리적 도출 관계로 해석하면 앞서 말했듯이 선결문제 요구의 오류를 저지른다는 비판을 받는다. 논리적 도출 관계가 아니라고 해석하면, 선결문제 요구의 오류는 아니다.

그러면 "나는 ○○한다. 고로 나는 존재한다." 같은 패러디들이 데카르트 철학을 이해하지 못하고 흉내내는 엉터리가 돼 버린다. 데카르트의 주장은 논리적 도출 관계가 아닌 것으로 해석하면 이른바 '방법적 회의' 끝에 회의(의심)가 곧 생각이므로 생각하는 '나'가 있을 수밖에 없다고 주장한 것인데, 예컨대 "나는 쇼핑한다. 고로 나는 존재한다."라고 할 때는 그렇게 해석할 수 없으므로 '쇼핑'하는 '나'가 있다고 말할 수 없기 때문이다. "나는 생각한다."에서는 존재하는 '나'가 가능하지만, "나는 쇼핑한다."는 회의의 대상이므로 존재하는 나를 가정하는 것은 선결문제 요구의 오류이다.

패러디에 불과한데 웃자고 하는 말에 죽자고 덤벼든다고 말할 수 있을 것 같다. 그러나 "나는 쇼핑한다. 고로 나는 존재한다."나 "나는 달린다. 고로 나는 존재한다."처럼 비철학자의 패러디면 몰라도 카뮈의 "나는 반항한다. 고로 나는 존재한다." 같은 패러디는 그런 비판을 받을 수 있다.* (데카르트에서는 사실 '데카르트의 순환'이라는 순환 논증이 더 많이 알려져 있다. 여기서는 생략한다.)

[꿀팁] 알베르 카뮈는 『반항하는 인간』에서 데카르트의 "나는 생각한다. 고로 나는 존재한다."를 패러디하여 "나는 반항한다. 고로 나는 존재한다."라고 말했다. 이 문구는 2019년 홍콩 민주화 시위에서도 쓰였다. 그런데 "나는 ○○한다. 고로 나는 존재한다."류의 패러디는 선결문제 요구의 오류일 뿐만 아니라 데카르트의 의도도 제대로 구현하지 못한다.

해는 내일도 떠오른다

철학사에서 가장 유명한 선결문제 요구의 오류는 단연코 흄의 귀납 논증 비판에서 나온다. 귀납은 일상생활 및 과학에서 아주 흔하고 요긴한 논증 방법이다. 날마다 해가 동쪽에서 뜨는 것을 보고 해는 언제나 동쪽에서 뜬다고 결론을 내리거나 내가 맛본 바닷물은 짜니 바닷물은 모두 짜다고 결론을 내리는 것이 귀납 논증이다. 이 귀납이 없으면 내일도 해가 정말로 동쪽에서 뜰까 걱정해야 하고, 새로운 바닷물을 볼 때마다 정말로 짠지 맛보아야 한다.

이렇게 중요한 귀납은 어떻게든 정당화해야 한다. 흄의 『인간 본성에 대한 논구』에 따르면 귀납을 정당화하는 방법은 지금까지 귀납이 성공적으로 작동했다는 것을 보여 주는 방법밖에 없다. 지금까지 해는 언제나 동쪽에서 뜬다는 귀납도 성공했고, 모든 바닷물은 짜다는 귀납도 성공했다. 그러니 귀납은 언제나 성공적이라는 것이다. 이것은 이상한 논증 아닌가? 귀납이 성공적이라는 것을 보여 주기 위해 지금 논란 중인 바로 그 귀납의 방법을 이용했으니 말이다. 선결문제 요구의 오류이다.

흄은 그래서 귀납을 논리적으로 정당화하는 방법은 없다고 주장한다. 귀납이 성공적이라는 믿음은 논리적인 것이 아니라, 마치 무릎 반사와 같이 무의식적이고 습관적인 믿음일 뿐이라고 한다. 흄의 귀납 비판 이후 여러 철학자들이 귀납을 정당화하려는 시도를 많이 했지만 다들 마뜩잖다. 귀납은 연역과 다른데 연역이나 만족할 만한 과도한 정당화를 요구한다는 불평 정도만 그럴듯하다. 연역과 귀납의 차이는 마지막 장을 보라.

철학 익힘

* 데카르트의 방법적 회의에 관한 지문은 2014 예비 수능 국어 B형 19~21번에 출제된 적이 있다.

문제. 다음 글에 대한 분석으로 옳은 것만을 〈보기〉에서 있는 대로 고른 것은?

㉠내가 이전에 먹었던 빵은 나에게 영양분을 제공하였다. 과거에 경험한 이런 한결같은 사실을 근거로, ㉡미래에 먹을 빵도 반드시 나에게 영양분을 제공할 것이라고 결론 내릴 수 있을까?
 어떤 사람들은 미래에 관한 이런 명제가 과거에 관한 명제로부터 올바르게 추리된다고 주장한다. 즉 전제가 참이면 결론도 반드시 참이라는 의미에서, 미래에 관한 명제가 과거에 관한 명제로부터 추리된다고 말한다. 하지만 그들이 말하는 그 추리가 연역적으로 타당하게 이끌어진 추리가 아니라는 점은 명백하다. 왜냐하면 그 경우 전제가 참이더라도 결론이 거짓일 수 있기 때문이다. 그렇다면 그 추리는 어떤 성질을 지닌 추리인가?
 만약 어떤 사람이 그 추리가 경험에 근거해서 결론이 필연적으로 따라 나오는 추리라고 주장한다면, 그 사람은 논점 선취의 오류를 범하는 것이다. 왜냐하면 경험에 근거해서 결론이 필연적으로 따라 나오는 추리가 되려면, ㉢미래가 과거와 똑같다는 것을 기본 전제로 가정해야 하기 때문이다. 만일 자연의 진행 과정이 변할 수도 있다고 생각할 수 있다면, 모든 경험은 소용이 없게 될 것이며 아무런 추리도 할 수 없게 되거나 아무런 결론도 내릴 수 없게 될 것이다. 따라서 경험을 근거로 하는 어떠한 논증도 미래가 과거와 똑같을 것이라는 점을 증명할 수는 없다. 왜냐하면 그런 논증은 모두 미래가 과거와 똑같을 것이라는 그 가정에 근거해 있기 때문이다.

〈보기〉

ㄱ. ㉢을 참이라고 가정하면 ㉠으로부터 ㉡을 추리할 수 있다.
ㄴ. ㉢이 거짓이라면 ㉡의 참을 확신할 수 없다.
ㄷ. ㉢을 정당화할 수 있는, 경험에 근거한 추리란 없다.

① ㄱ ② ㄷ ③ ㄱ, ㄴ
④ ㄴ, ㄷ ⑤ ㄱ, ㄴ, ㄷ

(2017 LEET 추리논증 15번)

본문에서 말한 흄의 귀납 정당화 비판을 좀 더 자세하게 설명한 지문이다. 본문의 설명이 미흡하다고 생각되면 이것을 참조하면 좋을 것이다. ㉠, ㉡, ㉢ 사이의 도출 관계를 그림으로 그려 보면 다음과 같다.

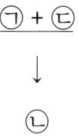

㉠만으로는 ㉡이 도출 안 되고 ㉢이라는 전제가 추가되어야 한다. 그런데 ㉢은 곧 ㉡을 일반화해서 말한 것뿐이다. ㉡을 증명해야 하는데, ㉡과 같은 ㉢을 전제로 삼고 있으니 선결문제 요구의 오류(위 지문에 따르면 논점 선취의 오류)를 저지르는 것이다.

ㄱ과 ㄴ은 위 그림을 보면 옳다는 것을 쉽게 알 수 있다. 마지막 문단 끝부분에서 "경험을 근거로 하는 어떠한 논증도 미래가 과거와 똑같을 것이라는 점을 증명할 수는 없다."라고 말하고 있으니 ㄷ도 옳다. 그래서 정답은 ⑤이다.

참고로 귀납의 정당화에 관한 지문은 2013 PSAT 언어논리 19~20번, 2016 수능 국어영역 22~26번에도 출제된 적이 있다. 거기서는 흄의 귀납의 정당화 비판 외에 라이헨바흐라는 철학자가 그것을 정당화하려는 시도까지 소개한다.

12. 귀류법

수학에서 배운 귀류법

귀류법은 고등학교 교육 과정을 '정상적으로' 이수한 사람이라면 들어봤을 논증이다. 바로 수학 교과에 나오는 논증이기 때문이다. 대표적인 예제로 2의 제곱근이 무리수임을 증명하라는 문제를 기억할 것이다. 이것을 증명하기 위해 2의 제곱근이 무리수가 아니라고, 다시 말해서 유리수라고 가정한다. 그 가정에서 모순을 도출한다. 그러므로 2의 제곱근이 무리수가 아니라는 가정은 잘못되었고, 따라서 2의 제곱근은 무리수임이 증명되는 것이다.

이 증명처럼 귀류법은 어떤 주장에서 모순을 도출하여 그 주장이 거짓임을 증명하는 논증을 말한다. 그래서 귀류법을 '간접 증명'이라고도 한다. 귀류법(歸謬法)의 한자를 알면 잘못[謬]으로 돌아가게 하는[歸] 논증 방법[法]임을 짐작할 수 있다. 귀류법은 외국 문헌에서 reductio ad absurdum이라는 라틴어로 많이 쓰인다. 이것 역시 모순(absurdum)으로(ad) 돌아가게 한다(reductio)는 뜻이다.

그런데 귀류법은 수학의 증명에서만 쓰이는 게 아니다. 어떤 주장에서 모순을 끌어내어 그 주장이 거짓임을 증명한다면 그것이 귀류법이다. 다만 수학에서는 이 모순이 "A이면서 동시에 A가 아니다."라는 식의 엄격한 논리적 모순이다. 위에서 말한 2의 제곱근이 무리수라는 증명에서도 2의 제곱근이 유리수라고 가정한다는 것은 유리수의 정의에 의해 서로소인 두 정수 p와 q가 있을 때 p/q로 표현될 수 있다는 뜻인데, 증명 과정에서 p와 q가 2라는 공통 인수를 갖는다는 것을 보인다. 이는 p와 q가 서로소라는 가정에 논리적으로 모순된다.

"내 말이 틀렸으면 내 손에 장을 지지겠다."

하지만 수학 이외의 분야에서는 귀류법을 이용해 모순으로 몰아간다고 해서 이런 엄격한 논리적 모순을 보이기는 쉽지 않다. 그냥 직관적으로 받아들이기 힘든 터무니없는 결과가 생긴다는 것을 보여 주는 정도이다. 영어의 absurdity를 뜻하는 라틴어의 absurdum은 꼭 논리적 모순(contradiction)을 말하는 것이 아니라 '불합리함' 또는 '터무니없음'을 뜻한다. 그래서 귀류법을 사용하는 사람들은 자신의 직관으로 터무니없다고 생각하는 것을 모순으로 제시한다. 그러나 다른 사람들이 그것을 터무니없다고 생각하지 않는다면 귀류법은 성공하지 못할 것이다.

우리는 "내 말이 틀렸으면 네가 내 할애비다."라거나 "내 말이 틀렸으면 내 손에 장을 지지겠다."라는 말을 한다. 좀 속된 말이긴 하지만 이것도 일종의 귀류법이다. 내 말이 옳다는 것을 주장하기 위해서 내 말이 틀렸다고 가정한다. 그런 가정에서는 "네가 내 할애비다."라거나 "내 손에 장을 지진다."라고 하는 말도 안 되는 결론이 도출된다고 주장함으로써 애초의 내 주장이 옳다고 주장하는 것이다. (모 정치인은 박근혜 대통령이 탄핵되면 장을 지지겠다고 말했다가 탄핵됐는데도 장을 지지지 않아 논란이 되었다.)

철학의 귀류법

귀류법은 철학에서도 아주 흔하게 쓰는 논증이다. 8장에서 나왔던 라일은 귀류법은 실험이나 관찰을 사용할 수 없는 철학에 딱 맞는 아주 강력한 논증 방법이라고 말했다. (라일 자신도 그의 주저인 『마음의 개념』에서 마음이 육체와 별도로 존재한다는 '데카르트의 신화'를 깨기 위해 귀류법을 주요하게 사용한다.) 하긴 실험이나 관찰을 사용할 수 없다는 점은 수학이나 철학이나 매한가지이다.

철학에서 실제로 쓰이는 귀류법을 보자. 이미 6장에서 소크라테스의 문답법은 상대방을 아포리아에 빠지게 하는 논박임을 말했다. 아포리아의 특징을 가장 잘 드러내는 형태가 상대방의 주장에서 모순을 이끌어 내는 것이다. 물론 소크라테스는 상대방의 주장이 틀렸다고 가정하는 형식은 취하지 않고 있으므로 전형적인 귀류법은 아니다.

다음은 버클리의 『하일라스와 필로누스의 세 가지 대화』의 한 대목이다.*

> 필로누스: 필연적으로 불합리에 빠지는 학설들이 참일 수 있을까?
>
> 하일라스: 절대 그럴 수는 없네.
>
> 필로누스: 같은 사물이 동시에 차갑기도 하고 뜨겁기도 하다고 생각하는 것은 불합리 아닌가?
>
> 하일라스: 맞네.
>
> 필로누스: 그러면 자네 한 손은 뜨겁고 다른 한 손은 차다고 가정해 보세. 그리고 두 손을 한꺼번에 미지근한 물이 든 같은 용기 속에 넣는다고 가정해 보세. 그러면 그 물이 한쪽 손에는 차가운 것 같고 다른 쪽 손에는 뜨거운 것 같지 않을까?
>
> 하일라스: 그러겠지.
>
> 필로누스: 자네의 원리들에 따르면 그것은 실제로 동시에 차갑기도 하고 뜨겁기도 하다고 결론을 내려야 하지 않을까? 다시 말해서 자네 자신이 인정한 대로 불합리를 믿어야 하지 않을까?
>
> 하일라스: 그래야 할 것 같다고 인정하네.

버클리는 철학사에서 유명한 관념론자이다. 그는 감각은 우리의 마음에 의해 지각되는 것으로만 존재한다고 주장하기 위해, 감각이

> [꿀팁] 버클리의 『하일라스와 필로누스의 세 가지 대화』는 필로누스와 하일라스의 대화로 되어 있다. 하일라스는 물질을 뜻하는 그리스어 '힐레'에서 나온 이름으로 물질이 있다는 것을 믿는 상식인을 대변한다. 반면에 필로누스는 지성(누스)을 사랑(필로스)한다는 뜻으로서 버클리 자신을 대변한다.

우리 마음 바깥의 사물에서 생긴다고 가정했을 때 "필연적으로 불합리에 빠"진다는 것을 증명한다. 감각이 물질에 있다면 "동시에 차갑기도 하고 뜨겁기도 하다"는 불합리를 믿어야 한다는 것이다. 대놓고 귀류법을 쓰고 있을 뿐만 아니라, 형식으로만 보면 "A이면서 A가 아니다"라는 논리적 모순이 도출되는 것 같다.

불합리한 결론

버클리의 관념론은 인식론의 주제이다. 형이상학이나 인식론은 철학의 하드코어이지만 '상식인'이 따라가기는 좀 어렵다. 이번에는 좀 더 쉬울 것 같은 정치 철학 주제를 보자. (논증이 쉽다는 뜻이 아니라 우리 주변에서 일어나는 익숙한 소재를 다룬다는 점에서 쉽다는 뜻이다.) 철학사에서 유명한 정치 철학자로는 단연 홉스를 들 수 있다. 홉스는 사회 계약론자로 유명하다. 그는 먼저 왜 국가가 필요한지 묻는다. 그러고서 국가가 만들어지기 전의 상태, 곧 '자연 상태'를 가정해 보자고 말한다. 그런 상태에서는 사람들이 자신의 욕심을 위해 훔치고 사기 치고 죽이는 '만인에 대한 만인의 전쟁', '인간은 인간에 대해 악명 높은 늑대' 상태가 될 것이라고 답한다.

서로 죽이고 죽는 자연 상태에서는 힘센 사람이라고 해서 안심할 수 없다. 나보다 더 힘센 놈이 나타날 수도 있고 잠자는 사이에 공격받을 수도 있기 때문이다. 사람들은 이런 세상에는 더 이상 살 수 없다. 그곳에서의 삶은 "고독하고, 가난하고, 험악하고, 잔인하고, 그리고 짧"기 때문이다. 그런 세상에서 살 수 없으니 합리적인 사람들이라면 더 이상 싸우지 말자고 약속할 텐데 이것이 '사회 계약'이다. 그런데 약속을 해도 꼭 안 지키는 사람들이 있다. 약속을 잘 지키는지 감시할 강력한 권력이 필요한데, 그것이 '주권자'이다.

> [꿀팁] 넷플릭스 드라마 〈오징어 게임〉의 4회를 보면 자연 상태에서는 아무리 힘센 사람이라고 해도 안심할 수 없다는 것을 실제로 체감할 수 있다. 드라마에서는 숙소에서 참가자들끼리 취침 시간에 서로를 죽여 약자를 걸러내는 장면이 나온다. 홉스가 말한 자연 상태와 다름없는데, 가장 힘센 조폭 출신인 장덕수(허성태 분)도 같은 편에게 배신당할까 봐 불안해 한다.

　홉스는 국가 또는 주권자의 필요성을 주장하기 위해 그것이 없는 상태를 가정해 보자고 한다. 거기서 사람들이 도저히 받아들일 수 없는 불합리한 사태가 벌어짐을 보여 줌으로써 애초의 주장을 지지한다. 이것 역시 전형적인 귀류법 논증이다. 실제로 홉스는 사회 계약론을 주장한 『리바이어던』에서 "애초에 주장한 것을 부인하면 불합리라고 부르는 것이 생긴다."라고 말한다.

　물론 홉스는 역사학자가 아니라 철학자이기 때문에 국가가 없는 상태에서 그런 불합리가 나타났다는 역사적 증거를 댄 것이 아니다. 국가가 없을 때 그런 불합리가 있을 수밖에 없는 필연적 결과가 도출된다는 개념적 증명을 한 것이다. 이것은 홉스의 주장을 귀류법으로 이해하는 데 중요한 단서가 된다. 이게 무슨 뜻인지 바로 이어서 말하겠다.

반례

귀류법과 비슷한 논증 유형이 있다. '반례'와 '미끄러운 비탈길'이 그것이다. 철학자들도 이 차이점을 명확히 아는 경우가 많지 않다. 일단 반례는 적극적인 주장이 아니라 반박할 때 쓰인다. 그것도 보편 명제(전칭 명제)가 거짓임을 보이는 데 쓰인다. "고니는 모두 희다."라는 주장은 희지 않은 고니가 있음을 보여 주면 거짓이 된다. (오스트레일리아에는 희지 않은 고니가 실제로 있다.)

그런데 보편 명제가 아닐 때는 반례를 제시해도 소용이 없다. "외노자는 범죄자들이야."라는 주장에 "내가 아는 외국인 노동자는 범죄자가 아닌데."라고 반례를 제시해 봤자, "아니, 내가 말한 것은 외노자가 대체로 범죄자들이라는 뜻이야."라고 말하면 반례는 성립하지 않는다. (혐오 발언이 대체로 이런 식으로 이루어진다.) 따라서 반박이 아니라 적극적 주장을 하거나, 반박하더라도 보편 명제가 아닌 주장을 반박할 때는 귀류법과 같은 다른 논증을 써야 한다.

미끄러운 비탈길

미끄러운 비탈길(slippery slope) 논증은 사소한 것을 허용하면 연쇄적인 과정을 거쳐 몹시 나쁜 결과에 이르기에 애초에 사소한 것도 허용해서는 안 된다고 주장하는 논증이다. 귀류법도 어떤 주장이 틀리다고 가정하면 모순이 발생한다고 주장하니 비슷해 보인다. 가장 큰 차이는 미끄러운 비탈길은 반례처럼 주로 반박으로 쓰이지만, 귀류법은 자신의 주장을 적극적으로 제시할 때 쓰인다는 것이다. 그리고 연쇄가 있느냐 없느냐의 차이가 있다. 미끄러운 비탈길은 연쇄를 거쳐 받아들일 수 없는 결론에 다다르는데, 귀류법은 연쇄 없이 바로 모순을 보여 준다.

그다음에 귀류법은 어떤 주장의 부정에서 모순이 도출되는 것을 보여 주는 과정이 논리적으로 이루어지지만, 미끄러운 비탈길은 어떤 주장에서 나쁜 결과에 이르기까지의 연쇄적인 과정을 논리적으로 보여 줄 수도 있고 인과적으로 보여 줄 수도 있다. 그러니까 미끄러운 비탈길 논증은 논리적인 버전과 인과적인 버전이 있다. 인과적이라는 것은 실제 세계에서 그런 일이 일어난다는 것을 경험적으로 보여 준다는 말이고, 논리적이라는 것은 그런 과정 없이 개념 분석 따위에 의해 순전히 논리적으로 보여 준다는 말이다. 위에서 말한 홉스의 자연 상태를 가지고 설명하면 이해가 쉽다. 홉스는 국가가 없으면 '만인에 대한 만인의 전쟁' 상태가 될 것이라고 주장했다. 그것을 역사 유물이나 기록을 검토해서가 아니라, 인간의 이기적인 본성을 탐구해서 주장한 것이다. 그것도 연쇄 없이. 이런 점에서 홉스의 논증은 미끄러운 비탈길 논증이 아니라 귀류법이라고 이해하는 게 옳다.

반례나 미끄러운 비탈길 논증 역시 철학에서 많이 쓰는 논증이므로 바로 이어지는 13장과 14장에서 따로 소개할 것이다.

귀류법 반박하기

인과적 버전의 미끄러운 비탈길 논증은 경험적 주장을 통해 받아들일 수 없는 결론을 주장하기에 결론이 틀릴 수 있다. 그래서 미끄러운 비탈길 논증은 오류로 취급되는 경우가 많다. 반면에 귀류법은 연역 논증이기 때문에 결론이 틀릴 수 없다. (왜 연역 논증은 결론이 틀릴 수 없는지는 미안하지만 마지막 장을 보시라.)

그렇다고 해서 귀류법을 반박할 수 없다는 말인가? 가능하다. 귀류법은 어떤 주장에서 모순을 도출하여 그 주장이 거짓임을 증명하는 논증이라고 했다. 그러니 귀류법을 반박하기 위해서는 첫째, 어떤 주장에서 모순이 도출되지 않음을 보여 주면 된다. 가령 홉스의 자연 상태를 보자. 자연 상태라고 해서 꼭 홉스가 말한 대로 죽고 죽이며 살까? 영화〈웰컴 투 동막골〉의 사람들처럼 평화롭게 살 수도 있지 않을까? 같은 사회 계약론자지만 로크나 루소는 자연 상태의 인간들을 홉스처럼 그렇게 이기적이라고 보지 않았다.**

둘째, 도출된다고 말하는 모순이 실제로는 모순이 아님을 보여 주면 된다. 버클리의 귀류법을 보자. 두 손을 함께 미지근한 물에 넣으면 동시에 차갑기도 하고 뜨겁기도 하다는 것은 형식으로만 보면 "A이면서 A가 아니다"라는 논리적 모순처럼 보인다고 했다. 그러나 실상은 그렇지 않다. 그 A가 각각 서로 다른 손이기 때문이다. 논리적 모순이 개입되는 수학의 귀류법과 달리 불합리함을 도출하는 일상이나 철학의 귀류법은 과연 그것이 불합리인가를 놓고 논쟁이 흔하다.

철학 익힘

* 본문에 나온 버클리의 인용문은 2014 LEET 추리논증 23번 지문으로 출제되었다.
** 루소의 『사회 계약론』에서 강자의 권리가 있다는 것을 귀류법으로 비판하는 부분이 2015 LEET 추리논증 13번으로 출제되었다.

※ 다음 글을 읽고 물음에 답하시오.

… 어떤 입력이 들어올 때 어떤 출력을 내보낸다는 기능적·인과적 역할로써 정신을 정의하는 기능론이 각광을 받게 되었다. …

정신 상태에는 물질 상태와 다른 무엇인가가 있다고 생각하는 이원론에서는 '나'가 어떤 주관적인 경험을 할 때 다른 사람에게 그 경험을 보여 줄 수는 없지만 나는 분명히 경험하는 그 느낌에 주목한다. 잘 익은 토마토를 봤을 때의 빨간색의 느낌, 시디신 자두를 먹었을 때의 신 느낌, 꼬집힐 때의 아픈 느낌이 그런 예이다. 이런 질적이고 주관적인 감각 경험, 곧 현상적인 감각 경험을 철학자들은 '감각질'이라고 부른다. 이 감각질이 뒤집혔다고 가정하는 사고 실험을 통해 기능론에 대한 비판이 제기된다. 나에게 빨강으로 보이는 것이 어떤 사람에게는 초록으로 보이고 나에게 초록으로 보이는 것이 그에게는 빨강으로 보인다는 사고 실험이 그것이다. 다만 각자에게 느껴지는 감각질이 뒤집혀 있을 뿐이고 경험을 할 때 겉으로 드러난 행동과 하는 말은 똑같다. 예컨대 그 사람은 신호등이 있는 건널목에서 똑같이 초록 불일 때 건너고 빨간 불일 때는 멈추며, 초록 불을 보고 똑같이 "초록불이네."라고 말한다. 그러나 그는 자신의 감각질이 뒤집혀 있는지 전혀 모른다. 감각질은 순전히 사적이며 다른 사람의 감각질과 같은지를 확인할 수 있는 방법이 없기 때문이다. 그렇다면 나와 어떤 사람의 정신 상태는 현상적으로 다르지만 기능적으로는 같으므로, 현상적 감각 경험은 배제하고 기능적·인과적 역할만으로 정신 상태를 설명하는 기능론은 잘못된 이론이라는 논박이 가능하다.

뒤집힌 감각질 사고 실험에 의한 기능론 논박이 성공하려면 감각질이 뒤집힌 사람이 그렇지 않은 사람과 색 경험이 현상적으로는 다르지만 기능적으로 다르지 않다는 조건이 성립해야 한다. 두 경험이 기능적으로 다르지 않다면 두 사람의 색 경험 공간이 대칭적이어야 한다. 다시 말해서 색들이 가지는 관계들의 구조는 동일한 패턴을 가져야 하는 것이다. 예를 들어 나의 빨간색 경험과 노란색 경험 사이의 관계를 보여 주는 특성들이 다른 사람의 빨간색 경험(사실은 초록색 경험)과 노란색 경험 사이의 관계를 보여 주는 특성들과 동일해야 한다. 그래야 두 사람이 현상적으로 다른 경험을 하더라도 기능적으로 동일하기에 감각질이 뒤집혔다는 것이 탐지 불가능하다. 그러나 색을 경험한다는 것은 색 외적인 속성들, 예컨대 따뜻함과 생동감 따위와도 복잡하게 관련되어 있는데, 그것 때문에 색 경험 공간이 비대칭적이게 된다. 빨강–초록의 감각질이 뒤집힌 사람은 익지 않은 초록색 토마토가 빨간색으로 보일 것인데, 이 경우 그가 초록이 가지는 생동감 대신 빨강이 가지는 따뜻함을 지각할 것이기 때문에 감각질이 뒤집히지 않은 사람과 다른 행동을 보일 것이다.

뒤집힌 감각질 사고 실험은 색 경험 공간이 대칭적이어야 성공하지만, 앞에서 제시한 문제점을 안고 있어서 비판을 받기도 한다. 그런 까닭에 이 사고 실험에 의한 기능론 논박은 성공하지 못한다고 평가할 수 있다.

문제. 비판의 내용으로 가장 적절한 것은?

① 색 경험 공간은 대칭적이어서, 감각질이 뒤집힌 사람이 그렇지 않은 사람과 현상적으로 동등하고 기능적으로 다를 경우는 발생할 수 없다.
② 색 경험 공간은 비대칭적이어서, 감각질이 뒤집힌 사람이 그렇지 않은 사람과 현상적으로 다르고 기능적으로 동등할 경우는 발생할 수 없다.
③ 감각질이 뒤집히지 않은 사람은 입력이 같으면 출력도 같으므로, 그의 감각질이 뒤집히지 않았다는 사실은 탐지할 수 없다.
④ 감각질이 뒤집힌 사람은 입력이 같아도 출력이 다르므로, 그의 감각질이 뒤집혔다는 사실은 탐지할 수 없다.
⑤ 정신 상태의 현상적 감각 경험을 배제할 수 없으므로, 기능적 역할만으로 정신 상태를 설명할 수 없다.

(2019 LEET 언어이해 20번)

　기능론은 현대에 등장한 심신 문제(☞16장)의 한 이론이다. 이 기능론에 대한 유명한 반론 중 하나가 '뒤집힌 감각질 사고 실험'이다. 위 지문은 이 사고 실험을 귀류법으로 다시 비판한다. 뒤집힌 감각질 사고 실험이 주장하듯이 두 경험이 질적으로는 다르지만 기능적으로는 다르지 않다면, 두 사람의 색 경험 공간이 대칭적이어야 한다. 여기서 대칭적이라는 것은 지문의 3문단이 말하듯이 현상적으로 다른 경험을 하더라도 기능적으로 동일하다는 뜻이다. 쉽게 말해서 경험을 하는 당사자는 다르게 느끼지만 남의 눈에는 똑같게 보인다는 것이다. 그러니 감각질이 뒤집혔다는 것을 알아차릴 수 없다. 그러나 바로 이어서 색 경험은 꼭 색깔만 관련된 것이 아니라 따뜻함과 생동감 따위와도 관련되어 있기에 색 경험 공간은 비대칭적이라고 비판한다. 다시 말해서 현상적으로 다르고 기능적으로 동일한 경우는 발생할 수 없다는 것이다. 현상적으로 다르다면 어떻게든 기능적으로도 다르다는, 곧 남이 눈치챈다는 비판이다. 따라서 답은 ②이다.

 귀류법은 논리적이고 개념적인 논증이므로 경험에 의존하지 않는다고 본문에서 말했으면서, 이 사고 실험과 그에 대한 '비판'은 왜 경험에 의존하느냐는 의문이 생길 수 있다. 여기서 말하는 '현상적' 경험은 물리적·생리적 계측기로 측정할 수 없는 성격의 경험이다. 지문의 2문단에서 말하듯이 다른 사람에게 보여줄 수 없는 주관적인 경험이다.

 감각질은 2009 LEET 논술 문제 제시문으로도 출제되었다.

13. 반례와 반증

단 하나의 거짓 사례

앞 장에서 귀류법을 소개하면서 반례와 비슷하다고 말하고 그 차이점을 간단하게 말했다. 이번 글에서는 반례를 본격적으로 설명해 보자.

> [꿀팁] 반례는 영어로 counterexample이다. 반대되는 사례를 말한다. '카운터펀치'처럼 상대방을 맞받아치는 사례가 되겠다. 어떤 미국 부부 철학자가 유치원에 다니는 아이가 counterexample란 말을 쓰는 것을 보고 놀랐다고 하는 것을 보면 counterexample이 쉬운 영어는 아닐 것이다. 부모가 주고받는 말을 듣고 배웠으리라.

반례는 보편 명제가 틀렸음을 보여 주는 사례를 말한다. 예를 들어 "물고기는 알을 낳는다."라는 주장은 알을 낳지 않는 물고기가 있음을 보여 주면 거짓이 되고 만다. 우리나라 사람이 횟감으로 많이 먹는 우럭(볼락)은 새끼를 낳는다. 반례는 단 하나의 사례만으로 상대방의 주장이 틀렸음을 보여 주기에 강력한 도구이다.

반례를 피하기 위해서는 애초에 제시된 보편 명제를 "대체로"나 "대부분의"로 바꾸면 된다. '보편 명제'를 이른바 '통계적 명제'로 바꾸는 것이다. "물고기는 알을 낳는다."라는 주장은 "대부분의 물고기는 알을 낳는다."로 바꾸면 반례를 제시해도 공격을 피할 수 있다. 물론 다른 방법도 가능하다. 우럭도 실은 알을 낳지만 뱃속에서 알을 품고 있다가 부화를 시킨 다음에 몸 밖으로 내보낸다. 그러니 "물고기는 알을 낳는다."가 틀린 말은 아니라는 것이다. 이것을 난태생이라고 하는데, '낳다'라는 말을 어떻게 해석하느냐에 따라 반례가 성립하기도 하고 안 하기도 한다.

> [꿀팁] 고래는 난태생도 아니고 태생이니 '낳다'라는 말을 어떻게 해석해도 "물고기는 알을 낳는다."라는 주장에 반례가 된다. 그러나 물고기의 정의를 '알을 낳는 물속 동물'로 바꾸면 고래는 더 이상 물고기가 아니게 되니 반례가 되지 않는다.

수학과 철학의 반례

자연 과학이나 사회 과학의 주장은 통계적 명제가 흔하다. 의학에서 "흡연자는 폐암에 걸릴 가능성이 크다."라고 주장하지 "흡연자는 폐암에 걸린다."라고 주장하지 않는다. "자존심이 낮은 사람들은 높은 사람들보다 설득이 잘된다."라고 주장하는 심리학자도 모든 자존심이 낮은 사람들이 그렇다고 생각하지는 않는다. 그러나 수학이나 철학은 애당초 보편적인 명제를 주장하기에 반례가 큰 힘을 발휘하고 흔한 공격 방법이다. 수학에서 "xy 〉 0이면 x 〉 0, y 〉 0이다."라는 명제는 모든 x, y에 대해 성립해야 한다. 그러나 x = -1, y = -1이라는 반례가 있으므로 거짓인 명제가 된다.

소크라테스의 문답법(☞6장)은 앞 장에서 말한 귀류법도 자주 쓰지만 반례도 흔하게 쓴다. 『테아이테토스』편은 앎, 곧 지식이 무엇인가를 다룬다. 거짓인 것을 '믿는' 일은 가능하지만 거짓인 것을 '안다'는 것은 가능하지 않아 보인다. 이런 이유로 테아이테토스는 '참된 믿음'이 지식이라고 정의한다. 그런데 소크라테스는 여기에 반례를 제시한다.

> 소크라테스: 목격자만이 알 수 있고 다른 방법으로는 알 수 없는 어떤 사건과 관련하여 배심원들이 올바르게 설득되었다고 가정해 보세. 그리고 그들은 남들이 전하는 말만 듣고 올바른 판단을 했다고 가정해 보세. 그럴 경우 그들은 지식 없이 판결한 것이지만, 그들은 올바르게 설득되어 그들의 일을 잘해 낸 것이 아니겠나? 하지만, 만약 참된 판단과 지식이 같은 것이라면, 최고의 배심원이라도 지식 없이는 참된 판단을 할 수 없었을 걸세. 사실 이 둘은 서로 다른 것인 듯하네.

사건을 직접 보지 못해 지식이 없는 배심원도 참된 판단을 할 수는 있지만 그건 운이 좋아 그럴 뿐이다. 운이 나쁘면 잘못된 판단을 할 수도 있다. 우리가 시험 볼 때 '찍어서' 맞추는 것을 생각해 보면 된다. 그것을 '알아서' 맞췄다고 말하지는 않지 않은가? 이런 반례를 통해 단순히 '참인 믿음'은 지식의 정의가 아니게 된다.

플라톤은 지식이 단지 '참된 믿음'이 아니라 '정당화된 참인 믿음'이라고 정의한 것으로 알려져 있다. 정확하게 말하면 (플라톤의 생각을 대변하는) 소크라테스는 테아이테토스가 지식을 정의할 때마다 계속 반례만 제시하고, 마지막으로 나온 정의가 "설명이나 이유로 뒷받침할 수 있는 참된 믿음"이다. 소크라테스는 여기에도 반론을 제시하고 지식이 뭔지 잘 모르겠다고 말한 다음에 재판(유명한 소크라테스의 재판)을 받으러 가야 한다고 떠나 버린다. 테아이테토스는 자신은 늙어서 소크라테스의 문답법에 참여하기 힘들다고 사양했는데도 '억지로' 대화를 이어갔는데, 좀 허탈하고 짜증이 나는 결말이다. 어쨌든 플라톤의 '정당화된 참인 믿음'이라는 지식의 정의는 영원히 지속되지 못한다. '정당화된 참인 믿음'이라는 지식의 정의는 오랫동안 '정설'(철학에는 정말로 '정설'이라는 것은 없다)로 받아들이다가 1963년에 게티어라는 미국 철학자가 정당화된 참인 믿음이라는 조건을 만족하면서 지식이 아닌 반례를 제시한다. 그 반례는 4장에서 이미 말했다. 이후 지식의 정의는 인식론의 중요한 주제가 된다.

히틀러도 채식주의자?

지금까지 말한 반례는 보편 명제가 틀렸음을 보여 주는 사례를 말한다. 논증은 전제와 결론으로 이루어져 있고, 전제는 결론을 지지하는 역할을 한다. 만약 전제가 보편 명제로 되어 있다면 반례는 그것이 틀렸다는 것을 보여 주는 것이다. 물론 전제가 거짓이어도 논리학에서 말하는 건전성은 없어도 타당성은 있을 수 있기에 (4장에서 말한 쉬운 말로 말하면, 전제는 튼튼하지 않아도 뒷받침하는 추론 과정은 정당할 수 있기에) 결론을 지지하지 못하는 것은 아니지만, 일상적인 설득력은 떨어진다.

그런데 반례는 논증의 전제가 틀렸다는 것만 보여 주는 것이 아니다. 전제가 옳다고 하더라도 거기서 결론이 도출되지 않음을 보여 줄 수도 있다. 철학적으로 반례보다 이게 훨씬 재미있을 뿐만 아니라 논증 방법으로도 훨씬 세련된 것이니 이번에는 이것을 설명해 보자. 채식주의를 반대하면서 히틀러도 채식주의자였다는 것을 거론하는 사람들이 있다. 이 주장에 어떻게 반론할까?

> [꿀팁] 히틀러도 채식주의자라는 주장은 채식주의를 비판할 때 자주 쓰인다. 히틀러가 채식을 실천했는지는 논란거리이지만, 세계 최초로 동물보호법을 만든 사람인 것은 맞다.

이 주장을 삼단 논법으로 만들면 다음과 같다.

    히틀러는 채식주의자이다.
    히틀러는 사악한 사람이다.
    따라서 채식주의자는 사악한 사람이다.

이 논증을 비판하기 위해서는 이 논증과 형식은 똑같은데 누가 봐도 말이 되지 않는 논증을 제시하면 된다. 다음과 같이 말이다.

히틀러는 남자이다.
히틀러는 사악한 사람이다.
따라서 남자는 사악한 사람이다.

이 논증이 말이 된다고 생각하는 사람은 없을 것이다. (남성 혐오주의자라면 말이 된다고 생각할지 모르지만 그것은 결론이 말이 된다는 것이지, 전제에서 결론이 타당하게 도출된다는 뜻은 아니다.) 그렇다면 이것과 형식이 똑같은 위 논증도 말이 되지 않는다.*

반례에 의한 논증

사실 삼단 논법을 배우면 애초의 논증이 타당하지 않다는 것을 이론적으로 설명할 수 있다. 그러나 이렇게 형식은 같지만 올바르지 않은 다른 논증을 보여 줌으로써 애초의 논증이 올바르지 않다는 것을 보여 주는 것이 좀 더 간편한 방식이다. 증명하는 쪽도 간편하지만 설득되는 쪽에서도 이해하기 쉽기 때문이다. 삼단 논법을 공부한 적 없는 사람에게 삼단 논법의 무슨 규칙을 어겼으므로 부당하다고 말하면 이해하겠는가? 뭔가 어려운 말을 하는 것 같아 설득되는 사람이 있을 수도 있겠지만.

애초의 논증이 잘못임을 올바르지 않은 다른 논증을 반례로 보여 줌으로써 증명하므로 이것도 일종의 반례라고 부를 수 있겠다. 철학자들은 이런 논증 방식을 단순히 보편 명제가 틀렸음을 보여 주는 반례와 구분하기 위해 '유비에 의한 반박', '유사 논증에 의한 반박' 따위로 부르기도 한다. 나는 유비 논증과 구분하기 위해 '반례에 의한 논증', 줄여서 '반증'이라고 부르겠다. (사실 이 논증은 국내에 소개된 적이 없어서 우리말 이름도 없다. 글쓴이가 붙이면 그게 이름이다.)

네 논리대로라면

반증은 어려울 것 같지만 실은 일상생활에서도 자주 쓰는 논증 방식이다. "네 논리대로라면"으로 시작하는 반론이 바로 이것이다. 네 논리를 그대로 적용하면 누구나 부당하다고 생각되는 다른 논증도 받아들일 수밖에 없다고 주장하는 것이다. 인터넷 신문에 실린 다음 기사가 그런 예이다.

> 헌재 논리대로라면 을사늑약도, 한일 병합도 '유효'다.
> 미디어법 처리 과정 위법하나, 법 효력은 유효하다니⋯
> (〈오마이뉴스〉)

2009년에 헌법재판소에서 미디어법이 그 처리 과정은 위법하나 법으로서는 유효하다는 취지의 결정을 내렸다. 위 기사는 을사늑약이나 한일 합병도 절차상 위법이긴 하지만 법적으로는 유효한 똑같은 형식을 띠고 있다고 주장한다. 그렇다고 해서 을사늑약이나 한일 합병을 받아들이는 것이 말이 되지 않듯이, 헌법재판소의 결정을 받아들이는 것도 말이 되지 않는다고 주장하는 것이다.

철학에서 쓰이는 반증을 보자. 흄의 『자연 종교에 관한 대화』에는 이런 대목이 나온다.

> 세상이 복잡하게 상호 연관된 부분들을 가지고 있는 것으로 관찰되기 때문에, 따라서 세상은 아마도 기계가 그렇듯이 지적인 설계자에 의해 만들어졌을 것이라고 주장하는 것이 좋은 논증이라고 가정해 봅시다. 하지만 여러분은 세상이 식물과 비슷하게 관찰되고, 그래서 아마도 식물이 그렇듯이 씨앗에서 자랐을 것이라는 논증을 적어도 동등하게 좋다고 여겨야 합니다. 그러나 두 주장이 비슷하고 거의 동일한 강도를 가지고 있기 때문에, 그것은 둘 중 어느 것도 설득력이 없다는 것을 의미합니다.

이 세상이 기계와 비슷한 점이 많고, 기계는 누군가가 만들었으니 세계도 누군가가 만들었다는 논증이 있다. 그 누군가는 당연히 신이고, 이 논증은 유신론을 지지한다. 흄은 이 주장을 반박하기 위해 비슷한, 그러나 결론은 말이 되지 않는 논증을 제시한다. 바로 세계가 식물과 비슷한 점이 많고(비슷하게 보면 뭐든지 비슷하다), 식물도 씨앗에서 자랐으니 이 세상도 씨앗에서 자랐다는 주장이 그것이다. 흄은 자신의 논증 방법이 '반증'임을 친절하게 설명하기까지 한다. 두 논증은 "비슷하고"(원문은 parallel이다), "거의 동일한 강도를 가지고" 있으니, 하나가 설득력이 없으면 다른 것도 "설득력이 없다"는 것이다. 전형적인 반증이다.

흔한 신 존재 증명, 더 흔한 반증

신은 경험으로 확인할 수 없다 보니 철학사에서 신 존재 증명은 아주 흔하다. 2장에서 이미 신 존재 증명을 몇 개 보았다. 중세 영국의 안셀무스는 '존재론적 논증'이라고 이름 붙인 신 존재 증명을 했다. 우리가 상상할 수 있는 것들은 굉장히 많다. 일각수(유니콘)도 상상할 수 있고 용도 상상할 수 있다. 그런데 일각수는 우리가 상상할 수는 있지만 반드시 존재해야 하는 것은 아니다. 일각수의 개념을 찾아보면 뿔이 하나라는 개념밖에 없고 거기에 반드시 존재해야 한다는 개념은 없기 때문이다. 그러나 안셀무스는 신은 우리가 상상할 수 있는 가장 완벽한 존재이기 때문에 반드시 존재해야 한다고 주장한다. 상상은 할 수 있지만 존재하지는 않는 신은 완벽할 리는 없기 때문이다.

안셀무스와 같은 시대에 살았던 프랑스의 수도사 가우닐로는 반증을 이용해서 존재론적 논증을 반박한다. '완벽한 섬' 논증이 그것이다. 우리는 해변도 완벽하고 나무도 완벽하고 휴양 시설도 완벽한 섬을 상상할 수 있다. 그렇다고 해서 그 섬이 반드시 존재해야 하는 것은 아니다. 안셀무스 '네 논리'대로라면 완벽한 섬은 존재해야 하지만 존재하지 않는 것처럼, 완벽한 신이라고 해서 꼭 존재해야 하는 것은 아니라고 반증한 것이다.

유비와 반증

반증은 '유비에 의한 반박'이라고도 불리는 것을 보면 유비와 비슷하다. 그러나 유비는 논증 구조에는 관심 없다. 반증은 상대방의 논증 구조를 똑같이 모방하는 게 핵심인데, 유비는 논증 구조가 아니라 주장의 일부에서 비슷한 점을 찾는다. 세상이 기계와 비슷하니 설계자가 있으리라는 신 존재 증명도 흄이 반박하기 위해 제시한 것이지만, 흄보다 조금 뒤 시대 사람인 페일리의 유명한 시계 논증이기도 하다. 이것은 이 세상과 기계가 아주 복잡하다는 점에서 비슷하다는 점에 착안하지 논증 구조에 관심이 있는 것은 아니다. 반면에 이 유비 논증을 비판하는 흄의 반박은 그 논증 구조를 그대로 따라 하고 있다. 그러다 보니 유비는 반증과 달리 꼭 반박하는 데 쓰일 필요는 없다. 유비는 15장에서 본격적으로 살펴보겠다.

철학 익힘

* 2021 PSAT 언어논리 15번 문항에서는 사람들이 위와 같은 삼단 논법(똑같은 형식의 삼단 논법은 아니다)을 타당하다고 생각하는 이유들을 제시한 지문이 출제되었다.

문제. 다음 글에 대한 분석으로 적절한 것만을 〈보기〉에서 모두 고르면?

어떤 사람들은 강한 존재가 약한 존재를 먹고 산다는 것을 의미하는 '약육강식'에 근거하여 동물을 잡아먹는 것을 도덕적으로 정당화하고자 한다. 그들의 논증은 다음과 같다. ⓐ약육강식은 자연법칙이다. 그러므로 ⓑ생태계 피라미드에서 상층의 존재들은 하층의 존재들을 마음대로 이용해도 된다. 그런데 ⓒ인간은 생태계 피라미드에서 가장 높은 위치에 있는 존재이다. 결론적으로 ⓓ인간은 다른 동물들을 얼마든지 잡아먹어도 된다. 그런데 이러한 논증에는 여러 문제점이 있고, 그것들에 대해서 다음과 같이 지적할 수 있다.

(가) 자연법칙이란 보편적으로 받아들여지는 것이다. 설령 약육강식을 자연법칙으로 받아들이던 시기가 있었다고 할지라도 오늘날에 그것을 자연법칙으로 받아들이는 사람은 거의 없다.

(나) 어떤 행동이 자연법칙에 따르는 것이라고 해서 그 행동이 도덕적으로 옳은 것이라는 결론으로 나아갈 수는 없다. 사실에 대한 판단에서 도덕적인 판단을 이끌어내는 것은 오류이기 때문이다.

(다) 물론 인간은 지금 자신의 지능을 활용하여 다른 동물들을 잡아먹

거나 포획할 수 있다. 하지만 먼 옛날에는 오히려 인간이 육식동물들의 좋은 먹잇감이었다. 이런 점만 생각해 보아도 생태계 피라미드라는 것은 인간의 입장에서 만들어 놓은 일종의 형식이지 그러한 피라미드가 실제로 존재하는 것은 아니라는 것을 알 수 있다.

(라) 인간이 생태계에서 가장 높은 위치에 있다는 이유로 다른 존재를 잡아먹는 것이 도덕적으로 허용된다고 해보자. 그렇다면, 생태계에서 인간보다 높은 위치에 있는 존재가 나타날 경우 그들이 인간을 잡아먹는 것도 도덕적인 잘못이 아니라고 결론지어야 한다. 그러나 이러한 결론에 동의할 사람은 없다. 즉, 생태계에서 인간보다 높은 위치의 존재가 나타났다고 할지라도 그들이 인간을 잡아먹는 것을 도덕적으로 허용하는 사람은 없다는 것이다.

〈보기〉

ㄱ. (가)의 주장이 참이면, ⓐ는 거짓이다.
ㄴ. (나)의 주장은, ⓑ에서 ⓓ를 이끌어내는 것이 오류라는 것이다.
ㄷ. (다)의 주장이 참이면, ⓒ가 거짓이다.
ㄹ. (라)의 주장은, ⓑ와 ⓒ를 받아들일 경우 우리가 받아들이기 힘든 결론이 도출된다는 것이다.

① ㄱ, ㄴ
② ㄱ, ㄷ
③ ㄷ, ㄹ
④ ㄱ, ㄷ, ㄹ
⑤ ㄴ, ㄷ, ㄹ

(2015 LEET 추리논증 15번)

육식을 정당화하는 논증을 (가)~(라)를 통해 비판하고 있다.

(가)는 상식(☞4장)을 비판한다.

(나)는 자연주의의 오류임을 지적한다. 자연주의의 오류는 5장에서 나왔고, 19장과 21장에서 다시 설명한다.

(다) 역사적 사실에 의해 비판하고 있다. 특별히 철학적 내용에 의한 비판은 아니고, 철학적 형식도 아니다.

(라) 본문에서 말한 반증이다. '네 논리대라면' 이것도 허용되지 않겠느냐는 것이다. 그럴 수 없으니 애초의 주장도 잘못이라는 논증 방법이다.

보기의 주장을 하나씩 살펴보자.

ㄱ. (가)는 자연법칙이라는 상식을 비판하고 있으므로, ⓐ를 거짓으로 만든다. 적절하다.

ㄴ. ⓑ도 도덕적 판단이고 ⓓ도 도덕적 판단이다. 따라서 ⓑ에서 ⓓ를 이끌어 내는 것은 자연주의의 오류가 아니다. 적절하지 않다.

ㄷ. ⓓ는 ⓑ와 ⓒ가 합해져서 도출된다. 그런데 (다)에서 ⓒ가 거짓임을 역사적 사실에 의해 보여 준다. 적절하다.

ㄹ. (라)의 주장은 반증이라고 말했다. ⓑ와 ⓒ를 받아들일 경우 우리가 받아들이기 힘든 결론이 도출되니, 그것을 받아들이지 말아야 한다는 논증 방법이다. 적절하다.

정답은 ④이다.

14. 미끄러운 비탈길

"바늘 도둑이 소도둑 된다."

미끄러운 비탈길에 첫발을 내디디면 바닥까지 쭉 미끄러진다. 미끄러운 비탈길(slippery slope)이 논증 이름으로 쓰일 때는 이와 마찬가지로 사소한 것을 허용했는데 연쇄적인 과정을 거쳐 몹시 나쁜 결과에 이른다는 것을 보여 주기 위해 쓰인다. 아주 사소한 것 정도는 허용할 수도 있다. 그러나 그것을 허용하다 보면 무진장 심각한 것을 허용하게 되고, 결국에는 도저히 받아들이기 힘든 결과를 낳게 된다. 따라서 애초에 아주 사소한 것도 허용해서는 안 된다. 미끄

> [꿀팁] '비탈길'은 '경사 길'이다. 그러나 '경사 길'은 한 단어가 아니어서 띄어 써야 하니 시각상 '비탈길'이 좋아 보인다. 잘 안 쓰는 말이지만 '가풀막'도 비탈길을 뜻한다. '오르막'이나 '내리막'의 '막'과 '가파르다'가 합해진 합성어 같다. 서남 방언에서는 '깔끄막'이라고 한다.

러운 비탈길 논증은 이런 의도로 쓰인다.

"바늘 도둑이 소도둑 된다."라는 우리 속담이 미끄러운 비탈길을 잘 보여 준다. 바늘 도둑도 도둑질이므로 나쁜 것이긴 하지만 아주 심하게 혼낼 정도는 아니라는 것이 우리의 직관이다. 그러나 바늘 도둑을 내버려 두었다가는 숟가락도 훔치고 닭도 훔치고 결국에는 소를 훔치게 된다는 것이다. 따라서 바늘 도둑질할 때부터 엄하게 단속해야 한다는 것이다.

"낙타 코를 조심하라."

"낙타 코를 조심하라."라는 중동 속담이 있다고 한다. 사막의 추운 밤에 텐트를 치고 자는데 낙타가 텐트에 코를 들이민다. 코 정도는 괜찮겠지 하고 뒀더니 머리를 들이밀고 다음에는 몸뚱어리를 들이밀고 결국에는 주인은 텐트 밖으로 쫓겨나게 된다는 이야기다. "바늘 도둑이 소도둑 된다."처럼 사소한 것을 허용하면 결국에는 예기치 못했던 큰일이 발생하게 되니 사소한 것부터 허용하지 말라는 뜻이다. 여기서 나온 영어 관용구가 '낙타 코'(camel's nose)이다. 그래서 '미끄러운 비탈길'은 '낙타 코'라고도 불린다. (참고로 황석영의 소설 제목인 '낙타 눈깔'이나 영어의 camel toe는 19금 속어이다.)

최근에는 '눈덩이'(스노볼)도 비슷한 비유로 쓰인다. 비탈길에서 주먹만 한 눈 뭉치를 굴리면 굴러갈수록 큰 눈덩이가 된다. 그런 눈덩이는 산사태로 이어질 수 있는 무서운 것이지만, 특히 경제에서 비유적으로 쓰일 때는 긍정적인 결과를 뜻할 때가 많다. 아주 작은 투자를 했는데 오랜 기간을 지나 큰 이익으로 불어나는 것을 말한다. 벼락은 무서운 것이지만 돈벼락은 누구나 맞고 싶은 마음이나 마찬가지일까?

성경의 욥기에 나오는 "네 시작은 미약하였으나 네 나중은 심히 창대하리라."라는 구절은 미끄러운 비탈길과 반대의 상황이다. 주로 새로 사업을 시작하거나 시험에 도전하는 사람에게 건투를 비는 의미로 인용되는 위 구절은 내리막길이 아니라 오르막길이다. 방금 말한 눈덩이와 비슷하다. (나는 성경을 인용할 때 『공동 번역 성서』를 참조하는데, 위 번역은 『개역 성경』의 것이다. 이쪽이 더 많이 알려져 있기도 하고, "처음에는 보잘것없겠지만 나중에는 훌륭하게 될 것일세."라는 『공동 번역 성서』의 번역이 좀 밋밋하기도 해서이다. 욥기에서 이 말이 나온 맥락은 격려는 아니다. 하느님께 죄지은 사람을 위로하는 차원에서 하는 말이다.)

규칙에 예외를 허용해 달라고 할 때 미끄러운 비탈길로 반대할 수도 있다. 예외 하나를 허용하면 다른 경우에도 허용해 달라고 하고, 결국에는 모두에게 허용해 주어야 하므로 규칙이 쓸모가 없게 된다고 말이다. 그럼 참 곤란한 상황이 될 것이다.

관문 효과와 도미노

미끄러운 비탈길 논증은 정책에서 많이 쓰인다. 알코올 중독자에게는 술을 한 잔도 주면 안 된다. 한 잔 정도야 괜찮겠지 하다가 한 잔이 두 잔 되고 결국에는 만취가 되는 것이다. 정부가 대마초를 금지하는 이유 중 하나도 미끄러운 비탈길 때문이다. 의료용은 물론이고 기호용의 대마초는 미국의 일부 주와 캐나다를 비롯해서 합법인 나라가 있지만, 우리나라는 불법이다. 대마초를 합법화한 나라가 있는 것으로 보아 대마초 자체의 위험성은 낮을지 모르지만, 대마초는 마약을 하기 전에 입문용으로 많이 시작한다. 그래서 그 위험이 심각한 마약으로 미끄러지기 전에 대마초부터 금지해야 한다는 근거로 많은 나라에서 대마초 복용은 불법이다. 이른바 '관문 효과'이다.

도미노 현상 또는 도미노 이론은 미끄러운 비탈길 논증이 사회나 정치에 적용된 것이다. 어떤 나라가 핵을 만들면 주변국들도 그것을 견제하기 위해 핵을 만들 것이라는 게 핵 도미노 현상이다. 그러니 어떤 나라도 만들지 못하게 해야 한다. 도미노 이론은 한 나라가 공산화되면 주변 나라도 연달아 공산화된다는 이론이다. 미국이 베트남 전쟁에 참전한 근거가 이 이론이다.

> [꿀팁] 미끄러운 비탈길은 도미노에 비유해도 되지만 뜨개질한 옷, 곧 편물에서 실이 풀리는 것에 비유해도 된다. 실 한 올이 풀리면 편물은 결국에는 다 풀리고 만다.

히틀러 시대로 미끄러지기?

미끄러운 비탈길 논증은 특히 생명 의료 윤리와 관련된 논쟁에서 자주 등장한다. 안락사는 더 이상 치료나 생명 유지가 무의미하다고 판단되는 중증의 환자를 대상으로 시행된다. 안락사를 반대하는 쪽도 그런 안락사 자체는 문제가 안 된다는 것을 안다. 그러나 그런 안락사를 허용하기 시작하면 치료가 가능한데도 안락사를 시행하거나, 심지어 히틀러 시대처럼 장애인이나 정치범을 안락사할 수 있기에 애초에 허락해서는 안 된다고 주장한다.

인간의 착상 전 배아 연구를 반대할 때도 이 논증이 쓰인다. 착상 전 배아 대상의 실험을 허용하게 되면, 1개월 된 배아도 허용해야 하고 3개월 된 태아도 허용해야 하고 결국에는 갓 태어난 아이도 실험 대상으로 허용하게 된다는 것이다.

미끄러운 비탈길은 몹시 나쁜 결과에 이른다는 것을 보여 준다는 점에서 귀류법과 비슷하다. 그러나 12장에서 귀류법을 소개할 때도 말했지만 귀류법에서는 그 나쁜 결과가 바로 도출되는 반면에 미끄러운 비탈길 논증에서는 연쇄 과정을 거쳐 도출된다는 데 차이점이 있다. 사소한 나쁜 일 A는 더 나쁜 일 B가 일어나게 하고, 이것은 좀 더 나쁜 일 C가 일어나게 하고, … 결국에는 아주 나쁜 일 Z가 일어나게 된다는 식이다. 미끄러운 비탈길은 유비와도 비슷하다. A, B, C, …, Z의 인과적인 연쇄가 일어나게 되는 것은 그들 사이가 유사성이 있기 때문이다. 그러나 유비도 귀류법이나 마찬가지로 연쇄 과정을 거치지 않는다.

미끄러운 비탈길의 오류와 더미의 역설

그런데 바로 이 연쇄라는 점 때문에 미끄러운 비탈길 논증은 철학(논리학)에서 오류로 취급받는 경우가 많다. 이 논증은 A, B, C, …, Z로 이어지는 연쇄가 쭉 이어져야 성공하는데, 의도와 달리 중간에 끊어질 가능성이 있기 때문이다. 미끄러운 비탈길 논증은 미끄러운 비탈길에서 일어나는 연쇄가 논리적인 것인가 인과적인 것인가에 따라 논리적 버전과 인과적 버전으로 나눌 수 있다. 미끄러운 비탈길 논증이 오류인지 아닌지도 논리적 버전과 인과적 버전에 따라 다르게 판단해야 한다.

먼저 논리적 버전의 미끄러운 비탈길 논증을 보자. 논리학의 모순 중에 '연쇄 논법'(sorites)이라는 것이 있다. 곡식 한 톨은 더미가 아니다. 두 톨도 더미가 아니다. 세 톨도 아니다. 이런 식이라면 만 톨을 쌓아도 더미가 아닐까? 그래서 연쇄 논법을 '더미의 역설'이라고도 한다.* 탈모인에게 미안한 말이지만 '대머리 논법'이라고도 한다. 머리카락이 한 올 빠졌다고 해서 대머리는 아니다. 두 올도. 세 올도. 그렇다고 해서 머리카락이 전혀 없는 율 브리너 같은 사람이 대머리가 아닌 것은 아니다. 더미의 역설이 역설인 것은 술어가 모호해서 그렇다. 얼마나 쌓여야 '더미이다'라고 말할 수 있고 머리카락이 몇 올부터 '대머리이다'라고 말할 수 있는지 분명하지 않기 때문이다. 논리적 버전의 미끄러운 비탈길 논증도 미끄러운 비탈길을 일으키는 술어가 모호한지 살펴보면 된다. 앞에서 본 배아 연구 반대 논증이 대표적인 논리적 버전의 미끄러운 비탈길 논증이다. 배아부터 갓 태어난 인간에 이르는 과정에서 어디서부터 인간인지 딱 잘라 말하기 어렵다. '인간이다'라는 것은 '더미이다'나 '대머리이다'처럼 모호한 술어인 것이다.** 만약 그렇다면 배아 연구 반대 논증은 미끄러운 비탈길의 오류의 혐의가 있다. 풍성한 머리카락에서 매끈매끈한 대머리로 이르는 중간에 어느 순간에 대머리가 된다고 말은 할 수 없어도 풍성한 머리카락에서 매끈매끈한 대머리를 구분할 수는 있는 것처럼, 착상 전 배아에서 신생아로 이어지는 연쇄에서 언제 인간의 특징이 생기는지 딱 잘라 말할 수 없더라도 착상 전 배아와 신생아에 인간의 특징이 있는지 없는지는 구분할 수 있기 때문이다.

인과적 버전의 미끄러운 비탈길 논증은 A, B, C, …, Z로 이어지는 과정이 원인과 결과로 연결되어야 한다. 그 인과가 제대로 작동해 쭉 미끄러지면 훌륭한 논증이 되지만, 그렇지 않고 비탈길 중간에 편편한 땅이 있게 되면 더 이상 미끄러지지 않으니 오류가 된다. 안락사 반대 논증이 대표적인 인과적 버전의 미끄러운 비탈길 논증인데, 치료나 생명 유지가 무의미하다고 판단되는 중증의 환자에서 장애인 또는 정치범으로 가는 인과적 연쇄가 무리 없이 일어나는지 보면 된다. 안락사는 글자 그대로 '편안한 죽음'이다. 환자 본인도 원하고, 의사 표현을 할 수 없더라도 원하리라 추측할 때 시행한다. 그리고 환자 결정에만 따르는 것도 아니고 가족과 의료 전문가들이 참여하여 결정한다. 그러나 죽음을 원하지 않는 장애인이나 정치범을 죽이는 것은 안락사의 정의에도 맞지 않는다. 그리고 히틀러 때와 같은 독재 시대가 아닌 민주 사회에서는 그런 위장 '안락사'는 일어날 수 없다. 따라서 안락사 반대론자들이 생각하는 미끄러짐은 일어나지 않는다. 안락사 반대 논증 역시 미끄러운 비탈길의 오류의 혐의가 있다.

당혹스러운 결론

저출산은 사회적 문제이다. 당연히 철학자도 관심을 둔다. 그러나 철학자는 사회 과학자도 아닌 이상 저출산에서 생기는 사회적 문제를 지적하는 방식으로 접근하지 않는다. 젊은 부부들이 아이를 낳지 않는 것은 아이가 있으면 삶의 질이 낮아진다고 생각하는 이유가 가장 크다. 그것을 이기적이라고 생각하는 사람은 좀 못살더라도 식구가 더 많으면 더 행복하다고 생각하기 때문이다. 여기에는 약간 못살지만 사람이 더 많으니 행복의 양은 더 많지 않겠느냐는 생각이 깔려 있다.

현대 영국의 철학자 파핏은 A라는 사회와 A보다 인구는 약간 많은데 약간 못사는 B라는 사회를 비교해 보자고 한다. 아이를 낳지 않는 부부를 비난하는 사람들은 A보다 B가 나은 사회라고 생각하기 때문이다. 그렇게 생각하는 사람은 B보다 인구는 약간 많은데 약간 못사는 C가 있다고 하면 B보다 C가 더 나은 사회라고 생각해야 할 것이다. 그런 식으로 쭉 나아가다 보면 인구는 아주 많은데 아주 못사는 Z가 가장 나은 사회라는 결론에 이르게 된다. 이것을 받아들일 사람은 없을 것이다. 파핏은 이것을 '당혹스러운 결론'(repugnant conclusion)이라고 부른다. 당혹스러운 결론을 받아들이지 않기 위해서는 아이를 낳지 않는 것을 비난해서는 안 된다. 이 문제는 A, B, C, …로 가면서 인구 몇 명을 단순히 추가해 나감으로써 생기므로 '단순한 추가의 역설'이라고도 부른다.

파핏의 논증에는 미끄러지는 연쇄가 있으니 미끄러운 비탈길 논증으로 보인다. 그러나 A보다 B가 더 낫다고 생각한 데서 B보다 C가 더 낫다고 생각하는 데로 이어지는 것이 인과적인 과정이 아니라 논리적인 과정이므로 논리적인 버전의 미끄러운 비탈길 논증이라고 분류하면 될 것이다.

　당혹스러운 결론은 미끄러운 비탈길의 오류일까? 앞에서 말한 대로 여기서 쓰이는 술어가 모호하면 오류가 된다. '더 낫다'라는 술어에 주목하기로 하자. (이것을 볼 때 이 논증은 더미의 역설의 성격도 있어 보인다.) A보다 B가 낫고, B보다 C가 낫다고 하면 A보다 C가 낫다는 결론이 나와야 한다. 이것을 논리학 또는 수학에서는 '이행적'(transitive) 관계라고 한다. 2가 3보다 작고 3이 4보다 작으면 분명히 2는 4보다 작으니 '더 작다'는 확실히 이행적 관계이다. 그런데 '더 작다'와 달리 '더 낫다'는 이행적 관계가 성립하지 않을 수도 있다. 짜장과 짬뽕 중에서는 짜장이 짬뽕보다 나아 보이고, 짬뽕과 우동 중에서는 짬뽕이 우동보다 나아 보여도, 짜장과 우동 중에서 꼭 짜장이 우동보다 나아 보인다는 보장은 없기 때문이다. 파핏이 말한 A, B, C, … Z 사이에서 선택하는 관계도 이행적 관계가 성립하지 않을 수 있다. 수와 달리 짜장, 짬뽕, 우동 중에서 어느 쪽이 나은지 선택하는 환경은 워낙 이질적이기에 이행적 관계가 성립 안 할 수도 있다. A, B, C, …, Z 사회는 수와 중화요리 중 어느 쪽에 가까울까?

　당혹스러운 결론을 피하기 위해 결론을 아예 받아들이는 방법도 가능하다. Z 사회가 가장 낫다는 것이 뭐가 잘못이냐고 말이다. 이것은 '울며 겨자 먹기'라는 전략으로 16장에서 설명하겠다. 그러나 Z는 인구는 엄청나게 많으면서 거의 죽지 않을 만큼의 삶을 사는 사회이다. 그런 사회가 가장 낫다고 할 수 있을까? 울며 겨자를 먹을 수준이 아니다.

철학 익힘

* 더미의 역설은 2007 MEET/DEET 언어이해 38~40번 문항의 지문으로 나왔다.
** 어느 때부터 인간인지를 다루는 지문이 2017 PSAT 언어논리 30번 문항으로 출제된 적이 있다.

문제. 다음 글에 대한 평가로 옳지 않은 것은?

㉠개념 역할 의미론에 따르면, 단어의 의미 이해는 그 단어의 사용 규칙을 따를 줄 아는 능력에 의존한다. 단어의 사용 규칙을 따른다는 것은 단지 그 규칙대로 단어를 사용한다기보다 그 규칙에 대한 이해를 기반으로 사용한다는 것을 의미한다. 그렇다면, 단어의 사용 규칙을 이해하지 못하고 있다는 것은 곧 그 단어의 의미를 이해하지 못한다는 말이 된다.

하지만 이 이론을 반박하기 위해 ㉡다음 논증이 제기되었다. 가령 '뾰족하다'라는 단어의 의미를 이해하려 한다고 해 보자. 이 이론에 근거할 때, 그 단어의 의미를 이해하려면 그 단어의 사용 규칙을 이해해야 한다. 그런데 그런 이해가 성립하려면, 우선 그 규칙이, 이를테면, ㉢"'뾰족하다'는 무언가를 뚫을 수 있는 끝이 매우 가느다란 사물에 적용하라"와 같이 언어적으로 명료하게 표현되어야 할 것이다. 하지만 문제는 이 규칙을 표현하는 데에도 여러 개의 단어가 사용되었다는 것이다. 이 규칙을 이해하려면 그런 여러 단어의 의미를 모두 이해해야 할 것이며, 예를 들어, 이 규칙에 들어 있는 '뚫다'의 의미를 이해하지 못한다면 이 규칙을 이해할 수 없을 것이다. 그렇다면 '뚫다'의 의미를 이해하기 위해 무엇이 필요한가? 바로 그 단어의 사용 규칙에 대한 이해이다. 그런데 '뚫다'라는 단어의 사용 규칙도 여러 단어로 구성되어 있을 것이고, 그 규칙을 이해하기 위해서는 그 규칙을 표현하는 데 사용된 단어들의 의미를 또 이해해야 할 것이며, 이런 식의 퇴행은 무한히 거듭될 것이다. 이런 퇴행이 일어난다는 것은 궁극적으로 우리가 '뾰족하다'라는 단어의 의미를 이해하지 못한다는 뜻이며, 그런 문제는 다른 모든 단어에 똑같이 발생할 것이다. 따라서 개념 역할 의미론을 받아들이면, 우리가 사용하는 그 어떤 단어에 대해서도 그 의미를 이해하는 사람은 아무도 없다는 매우 불합리한 결론을 얻게 된다.

① 한국인 못지않게 한국어를 완벽히 구사하는 인공 지능이 등장하더라도, ㉠은 약화되지 않는다.
② 단어의 사용 규칙이 반드시 언어적으로 표현되어야 하는 것이 아니라면, ㉡은 약화된다.
③ ㉢에 들어 있는 모든 단어의 의미를 이해하고 있는 사람이 실제로 있다면, ㉠은 강화된다.
④ 어떤 진술 안에 의미를 이해하지 못하는 단어가 포함되어 있어도 그 진술의 의미를 이해하는 것이 가능하다면, ㉡은 약화된다.
⑤ 어떤 단어의 의미를 이해하지 못하는 행위자가 그 단어를 사용 규칙대로 쓰고 있는 모습이 관찰되더라도, ㉠은 약화되지 않는다.

(2023 LEET 추리논증 23번)

개념 역할 의미론을 미끄러운 비탈길 논증에 의해 비판하고 있다. 개념 역할 의미론은 단어의 사용 규칙을 이해하지 못한다면 그 단어의 의미를 이해하지 못한다고 본다. 단어의 사용 규칙을 이해하려면 사용 규칙이 언어적으로 명료하게 표현되어야 하고, 사용 규칙에는 많은 단어가 포함될 것이다. 사용 규칙을 이해하려면 규칙에 포함된 모든 단어의 의미를 이해해야 하고, 그러기 위해서는 그 단어의 사용 규칙을 이해해야 한다. 다시 그 단어의 사용 규칙을 이해하기 위해서는 이 과정이 무한히 반복되어야 한다. 만약 그렇다면 우리는 어떤 단어에 대해서도 의미를 이해할 수 없다는 말이 되는데, 이것은 '매우 불합리한 결론'이다. 본문에서 말한 당혹스러운 결론을 떠올리게 한다. 따라서 개념 역할 의미론의 주장은 받아들일 수 없다는 것이 ⓒ이 하려는 말이다.

① 개념 역할 의미론에 따르면 한국인이든 한국어를 완벽히 구사하는 인공 지능이든 의미 이해는 똑같이 설명한다. 따라서 그런 인공 지능이 등장해도 개념 역할 의미론은 강화도 약화도 되지 않는다.

② 단어의 사용 규칙이 언어적으로 표현되어야 한다는 것은 개념 역할 의미론의 주요 전제이다. 따라서 그것이 반드시 언어적으로 표현되어야 하는 것이 아니라면, ⓒ은 당연히 약화될 것이다.

③ '매우 불합리한 결론'이 나오는 이유는 사람들이 ⓒ에 들어 있는 모든 단어의 의미를 이해하고 있는데, 미끄러운 비탈길 논증에 따르면 이해하지 못하게 되기 때문이다. 다시 말해서 ⓒ에 들어 있는 모든 단어의 의미를 이해하고 있는 사람이 실제로 있다는 것은

㉠을 비판하는 논증의 전제 중 하나이다. 따라서 그것은 ㉠을 약화한다면 모를까 강화하지는 않는다.

④ 사용 규칙을 이해하려면 규칙에 포함된 모든 단어의 의미를 이해해야 한다는 것은 미끄러운 비탈길 논증의 주요한 전제 중 하나였다. 그런데 어떤 진술 안에 의미를 이해하지 못하는 단어가 포함되어 있어도 그 진술의 의미를 이해하는 것이 가능하다면, ㉡은 당연히 약화될 것이다.

⑤ 어떤 단어의 의미를 이해하면서도 그 단어의 사용 규칙을 이해하지 못하는 사람이 있다면 ㉠이 약화될 것이다. 그게 아니라 어떤 단어의 의미를 이해하지 못하면서 그 단어를 사용 규칙대로 쓰고 있는 사람이 있다는 것은 ㉠과 무관하다.

정답은 ③이다.

15. 유비

낙타가 바늘귀로 빠져나가는 것이 더 쉽다

비유는 일상생활에서 흔하게 쓰는 표현이다. 이것은 자신이 설명하고자 하는 현상이나 설명을 다른 비슷한 것에 빗대어 설명한다. 그렇게 하는 이유는 다른 비슷한 현상이나 설명이 본래의 것보다 훨씬 이해하기 쉽기 때문이다. 많이 배우지 못한 사람들을 대상으로 설교를 했던 예수는 (예수 스스로도 많이 배운 사람은 아니었다) 비유를 많이 썼다. "부자가 하느님 나라에 들어가는 것보다는 낙타가 바늘귀로 빠져나가는 것이 더 쉬울 것이다."가 대표적인 예인데, 얼

> [꿀팁] 예수의 낙타 비유는 계율을 모두 지킨 부자라도 하느님 나라에 가기에는 어렵다는 말을 하면서 나온 것이다. 예수는 "가서 가진 것을 다 팔아 가난한 사람들에게 나누어주어라."라고 말하는데, 부자는 이 말을 듣고 "울상이 되어 근심하며 떠나갔다."고 한다.

마나 귀에 쏙쏙 들어오는가? 낙타는 예수가 살던 지역에서 가장 큰 동물이고, 바늘귀는 가장 작은 구멍이니까.

흔한 유비 논증

비유는 논증에서도 쓰인다. 시인이 "내 마음은 호수요." 같은 비유를 한다고 할 때는 전제와 결론을 갖춘 논증을 하는 것은 아니다. 이것은 논리학보다는 수사학의 소재이다. 논증에서 쓰이는 비유는 비유를 전제로 해서 특정 결론을 주장하려고 한다. 이것을 '유비' 또는 '유비 추론', 이것을 줄여서 '유추'라고 부른다.* A를 지지 또는 반박하려고 한다. 그런데 B가 사람들에게 훨씬 이해하기 쉽다. 그래서 A와 B의 유사성을 제시한다. 이것이 전제가 된다. 이를 통해 A를 지지 또는 반박하는 것이다. 예수의 비유에서 A, B는 다음과 같을 것이다.

> A: "부자가 하느님 나라에 들어가는 것은 어렵다."
> B: "낙타가 바늘귀에 들어가는 것은 어렵다."

유비 논증이 흔하게 그리고 중요하게 쓰이는 분야는 법학이다. 판례가 바로 유비 논증이기 때문이다. 국어사전에는 동일하거나 비슷한 소송 사건에 대하여 행한 재판의 선례를 판례라고 정의하는데, 세상에 동일한 사건이 있겠는가? 최대한 비슷한 사건에 내려진 판결을 근거로 특정 사건에 관해 주장하려고 할 것이다.

철학에서도 유비는 흔하다. 예수보다 400여 년 전에 태어난 플라톤만 봐도 대화편을 보면 비유 또는 유비를 쉽게 찾을 수 있다. '동굴의 비유'는 많이 알 것이다. 물론 철학에서도 꼭 논증의 형태가 아니라 "내 마음은 호수요."처럼 상상력을 불러일으키고 직관을 자극하는 비유도 많다. 동굴의 비유에서 플라톤이 최고의 이데아인 '선'의 이데아를 동굴 밖의 해에 비유하는 것이 그렇다. 나라를 배에, 정치가를 조타수에 비유하기도 한다. 이 조타수가 아마추어면 배는 제 길을 가지 못할 것이다.

정의가 없는 국가는 강도떼와 다름없다

다음은 철학자의 유비 논증이지만 쉬운 편에 속한다.**

정의가 없는 왕국이란 거대한 강도떼가 아니고 무엇인가? 강도떼도 나름대로는 작은 왕국이 아닌가? 강도떼도 사람들로 구성되어 있다. 그 집단도 두목 한 사람의 지배를 받고, 공동체의 규약에 의해 조직되며, 약탈물을 일정한 원칙에 따라 분배한다. 만약 어느 악당이 무뢰한들을 거두어 모아 거대한 무리를 이루어서 일정한 지역을 확보하고 거주지를 정하거나, 도성을 장악하고 국민을 굴복시킬 지경이 된다면 아주 간편하게 왕국이라는 이름을 얻게 된다. 그런 집단은 야욕을 억제해서가 아니라 야욕을 부리고서도 아무런 처벌을 받지 않는다는 사실만으로도 당당하게 왕국이라는 명칭과 실체를 얻는 것이다. 사실 알렉산드로스 대왕의 손에 사로잡힌 어느 해적이 대왕에게 한 답변에서 이런 현실이 적나라하게 드러났다. 해적에게 무슨 생각으로 바다에서 남을 괴롭히는 짓을 저지르고 다니느냐고 문초하자, 해적은 알렉산드로스 대왕에게 거침없이 이렇게 대꾸했다고 한다. "그것은 폐하께서 전 세계를 괴롭히시는 생각과 똑같습니다. 단지 저는 작은 배 한 척으로 그 일을 하는 까닭에 해적이라 불리고, 폐하께서는 대함대를 거느리고 다니면서 그 일을 하시는 까닭에 대왕이라고 불리시는 점이 다를 뿐입니다!"(아우구스티누스, 『신국론』 IV, 4)

왕국과 강도떼는 유사성이 많다. 둘 다 한 사람(왕 또는 두목)의 지배를 받고 공동체의 규약에 의해 조직되며 약탈물을 일정한 원칙에 따라 분배한다. 실제로 현대에 노직과 같은 자유 지상주의자들은 세금을 국가에 의한 약탈이라고 주장하므로, 이 유비 논증은 현대적 관점에서 봐도 꽤 개연성이 있다.

그러면 왕국 또는 국가가 강도떼 소리를 안 들으려면 어떻게 해야 할까? 아우구스티누스는 『신국론』의 다른 곳(XIX, 12)에서 "정의란 각자에게 각자의 몫을 주는 것"이라고 말한다. 그가 처음 말한 것은 아니고 아리스토텔레스부터 전해져 오는 정의의 '형식적' 정의이다. '형식적'이라고 말하는 이유는 '각자의 몫'이 무엇인지 합의되지 않으면 하나 마나 한 소리이기 때문이다. 어쨌든 아우구스티누스는 국가라고 하더라도 "야욕"을 부린다면 거기에 맞는 몫, 곧 처벌을 받아야 강도떼와 다르다고 생각한 것 아닐까?

몽돌과 시계와 눈은 비슷한가?

철학에서 유비 논증이라고 하면 페일리의 설계 논증이 대표적이다. 13장에서 반증의 사례로 흄이 지적 설계자를 비판한 것을 소개했다. 지적 설계자가 이 세상을 창조했다는 논증이 바로 설계 논증이다. (페일리는 흄보다 30여 년 뒤 사람이라 흄이 페일리의 설계 논증을 비판한 것은 아니다.) 흄은 설계된 예로 그냥 기계를 들지만, 페일리는 구체적으로 시계를 예를 든다. 바닷가에서 동글동글한 몽돌을 주었다고 해 보자. 우리는 당구공 모양의 그 돌이 바닷물과 바람에 씻겨서 그런 모양이 되었다고 생각한다. 이번에는 바닷가에서 시계를 주었다고 해 보자. 시계는 부품도 많고 아주 정교하다. 몽돌과 달리 바닷물과 바람에 씻겨 그런 모양이 되었다고 볼 수는 없지 않을까? 그것을 만든 누군가가 있다고 봐야 하지 않을까? 그 누군가가 바로 설계자이다. 페일리는 시계와 눈의 유사성에 주목한다. 눈도 각막, 홍채, 시신경, 망막 따위의 복잡한 부품이 있는 정교한 조직이다. 이것도 자연에 의해 만들어졌다기보다는 누군가가 만들었다고 생각하는 것이 자연스럽지 않을까? 그 누군가가 설계자이고 바로 신이라는 것이다.

페일리의 설계 논증은 시계와 눈의 유사성에 주목한 유비 논증이다. 유비 논증은 귀납 논증(☞21장)이다. 따라서 개연성이 높을 뿐이다. 당연한 이야기지만 유비 논증은 비교하는 두 대상 간의 유사성이 높아야 개연성이 높아진다. 그러나 아무것이나 유사하면 안 된다. 이 세상에 있는 것은 유사한 눈으로 보면 유사하지 않은 게 없

> [꿀팁] 2019년의 인기 드라마 〈눈이 부시게〉는 시계가 중요한 모티브가 된다. 이 시계는 첫 화에서 주인공 김혜자(한지민 분)가 바닷가 모래밭에서 발견하는데, 아무래도 작가가 페일리의 논증을 아는 것 같다.

기 때문이다. 도시 전설 중 하나인 '평행 이론'이라는 게 있다. 전혀 상관없는 두 사람이 같은 인생을 산다는 이론이다. 링컨과 케네디가 얼마나 같은 점이 많은지 오싹하다고 말하는 것을 들어본 적이 있을 것이다. 같은 점을 찾자면 끝이 없다. 서양 사람들은 모를 텐데 링컨과 케네디는 모두 뱀띠이기도 하다.

누군가가 다음과 같이 주장한다고 해 보자.

> 반 고흐는 가난했고 생전에 인정받지 못했지만, 현재는 위대한 예술가로 인정받는다. 그리고 나는 현재 가난하며 인정받지 못하고 있다. 따라서 나 역시 후에 위대한 예술가로 인정받을 것이다. (나이젤 워버턴, 『논리적 생각의 핵심 개념들』)

가난하고 생전에 인정받지 못한 것은 반 고흐와 '나'의 유사성이다. 그러나 '위대한 예술가로 인정받는다'는 점에서 관련 있는 유사성이어야 한다. 그런 식으로 유사성을 골라 모으면 위대한 세상 사람과 나와 유사하지 않은 게 뭐가 있겠는가? 세종대왕과 나는 같은 한국 사람이고, 빌 게이츠와 나는 같은 남자이다. 그렇다고 해서 내가 세종대왕 같은 위대한 왕이나 빌 게이츠 같은 큰 사업가가 될 수 있겠는가? 위와 같은 논증을 '반 고흐의 오류'라고 한다. 유비 논증이 잘못 쓰일 때 생기는 오류이다.

그러므로 그냥 유사성만 많아서는 안 되고 지금 논점과 관련 있는 점에서 유사해야 한다. 시계와 눈은 유사성도 있지만 결정적인 차이점도 있다. 바로 시계는 누군가가 만든 것을 우리가 본 적이 있지만 눈은 만든 사람을 본 적이 없다는 것이다. 이게 바로 설계 논증의 논점인데 말이다. 오히려 만든 사람을 본 적이 없다는 점에서 인간의 눈은 시계보다는 몽돌과 더 비슷하다. 결정적으로 눈은 누군가가 설계한 것이 아니라고 말해 주는 대안 이론이 있다. 진화론이 그것이다. 따라서 페일리의 유비 논증은 실패한다.

바이올리니스트 살리기

철학의 유비 논증을 하나 더 보자. 임신 중절 찬반 논쟁은 철학에서도 중요한 이슈이다. 임신 중절을 반대하는 쪽의 가장 강력한 근거는 태아는 사람인데 그것을 중간에 죽이는 것[중절]은 살인이라는 것이다. 미국의 철학자 톰슨은 설령 태아가 사람이라고 하더라도 임신 중절은 옹호될 수 있다는 유명한 논증을 제시했는데, 이른바 '바이올리니스트 사고 실험'이다.

> 내가 어느 병원에 방문했는데 엘리베이터 단추를 잘못 눌러 다른 층에 내렸다. 그런데 거기에는 아주 유명한 바이올리니스트가 침대에 누워 있는데 다른 사람과 9개월 동안 연결되어 있어야 살아날 수 있다는 것이다. 엘리베이터 앞에 있던 사람들

은 나를 자원자로 착각하여 나를 마취시켜 그 바이올리니스트와 연결했다. 내가 원하면 그 연결을 끊을 수 있다. 그러면 바이올리니스트는 죽는다.

이 상황에서 나에게 연결을 계속 유지하여 바이올리니스트를 살릴 의무가 있을까? 연결을 거부하고 바이올리니스트를 죽게 했다고 해서 비난을 받아야 할까? 아니라는 것이 상식이다. 톰슨은 여기서 나를 비난할 수 없다면 임신 중절을 하는 여성도 비난해서는 안 된다고 주장한다. 그가 무엇을 유비하는지 얼른 짐작할 수 있을 것이다. 바이올리니스트는 태아이고, 9개월 동안 연결되어야 하는 것은 임신이다. 그리고 엘리베이터 단추를 잘못 누른 것은 피임 실패를 비유할 것이다. 바이올리니스트는 성인 인간인데도 연결을 끊는 것은 비난받지 않는다. 따라서 설령 태아가 인간이라고 하더라도 임신 중절은 옹호된다는 것이 톰슨의 결론이다.

> [꿀팁] 톰슨이 바이올리니스트 사고 실험을 제시한 논문은 1971년에 발표한 "A Defense of Abortion"이다. 현대 윤리학, 아니 현대 철학에서 가장 많이 읽힌 논문으로 꼽아도 손색이 없다.

그렇게 큰 실수인가 vs 즐겼으면 책임져라

이 유비 논증의 개연성도 유사성이 얼마나 많고 그게 논점과 관련이 있느냐에 달려 있을 것이다. 사실 아이를 임신하면 9개월이 아니라 성인이 될 때까지 보살펴야 하므로 이 유비는 임신 중절 찬성론자 쪽에 훨씬 유리하다. 관건은 엘리베이터 단추를 잘못 눌렀다는 실수에 있을 것 같다. 이 유비에서 단추를 잘못 눌렀다고 해서 바이올리니스트와 9개월 동안 연결되어 있어야 할지 아무도 짐작하지 못한다. 그러나 성인이라면 피임에 실패하면 임신한다는 것은 누구나 알 수 있지 않은가? 그러니 그것은 단순한 실수가 아니라 책임질 일이라는 비판이 가능하다.

이 비판에 답하기 위해 본디 유비 논증을 조금 변형해 보자. 엘리베이터 단추 누르는 실수가 문제가 되니, 이번에는 길을 가다 납치되어 바이올리니스트와 연결되었다고 해 보자. 이때 연결되어야 한다고 주장하는 사람은 없을 것이다. 나는 책임질 일을 아무것도 하지 않았으니 말이다. 짐작하겠지만 이 유비는 성폭력에 의한 임신 상황을 비유한다. 이 유비에서의 바이올리니스트와 앞 유비에서의 바이올리니스트를 비교해 보자. 그는 바뀐 게 전혀 없고 그냥 병상에 누워 있을 뿐이다. 그러나 이 유비에서는 죽지 않을 권리가 없는데, 앞선 유비에서는 죽지 않을 권리가 있게 된다. 왜 갑자기 없던 권리가 있게 되었을까? 성폭력에 의한 임신에서 중절을 비난할 수 없다면, 실수에 의한 임신에서 중절도 비난할 수 없는 것 아닐까?

여기서 유사성을 다시 문제 삼을 수 있다. 유비들에서 바이올리니스트는 원래부터 있던 존재이지만, 태아는 나의 행동에 의해 존재하게 되었다. 다만 실수에 의한 임신은 내가 원인 제공을 했고, 성폭력에 의한 임신은 내가 원인 제공을 안 했다. 따라서 성폭력에서는 태아에게 없던 권리가 실수에 의한 임신에서는 있다고 얼마든지 말할 수 있다는 것이다. 유비 논증을 둘러싼 논쟁은 이런 식으로 진행된다.

철학 익힘

* 동물 실험을 예로 들어 유비 논증을 소개한 지문이 2017 수능 6월 모의평가 국어 영역 20~23번에 나왔다.
** 이 논증은 2012 LEET 추리논증 18번 문항의 지문으로 출제된 적이 있다.

문제. 다음 ㉠~㉩에 대한 분석으로 가장 적절한 것은?

우리의 사고는 구조를 가지고 있을까? 이를 알아보기 위해 한국어 문장 "철수는 영희를 사랑한다."에서 출발해 보자. ㉠이 문장에 포함되어 있는 고유명사 '철수'와 '영희'가 지시하는 대상이 존재한다면, 이 문장이 유의미하다는 점을 부정할 사람은 없을 것이다. 그런데 ㉡이 문장이 유의미하다면, 두 고유명사의 위치를 서로 바꾼 문장 "영희는 철수를 사랑한다."도 유의미하다. 언어의 이러한 속성을 체계성이라고 한다. ㉢언어의 체계성은 해당 언어의 문장이 구조를 가질 경우에만 보장된다.

이번에는 언어의 생산성에 관해 생각해 보자. 한 언어가 생산적이라는 말의 의미는, 그 언어 내의 임의의 문장을 이용하여 유의미한 문장을 새롭게 구성할 수 있다는 것이다. 예를 들어, "철수는 귀엽다."와 "영희는 씩씩하다."는 문장들을 가지고 새로운 문장 "철수는 귀엽고 영희는 씩씩하다."를 얻을 수 있다. 또한 여기에다가 "영희는 철수를 사랑한다."를 덧붙여서 "철수는 귀엽고 영희는 씩씩하고 영희는 철수를 사랑한다."를 얻을 수 있다. 이러한 과정은 끝없이 확대될 수 있다. ㉣언어의 이러한 특성 역시 해당 언어의 문장이 구조를 가질 경우에만 보장된다.

이제 우리는 ⓜ언어의 체계성과 생산성은 언어가 구조를 가질 경우에만 보장된다고 결론지을 수 있다. 이러한 결론은 우리의 사고에 대해서도 성립할 가능성이 있다. 왜냐하면 ⓑ우리의 사고가 체계성과 생산성을 가지고 있다는 것은 부정할 수 없는 사실이기 때문이다. ⓐ우리는 A가 B를 사랑한다고 생각할 수 있다면, B가 A를 사랑한다고 생각할 수도 있다. 뿐만 아니라 ⓞ우리는 A가 귀엽다고 생각하고 B가 씩씩하다고 생각할 수 있다면, A는 귀엽고 B는 씩씩하다고 생각할 수 있다. 언어의 경우와 유사하게 사고의 경우도 이처럼 체계성과 생산성을 가지고 있다. 결국 언어와 마찬가지로 ⓩ우리의 사고도 구조를 가지고 있다는 유추가 가능하다.

① ㉠은 ㉡을 지지한다.
② ㉥은 ㉤을 지지한다.
③ ㉢과 ㉣이 참이라고 할지라도 ㉤은 거짓일 수 있다.
④ ㉤과 ㉥이 참이라고 할지라도 ⓩ은 거짓일 수 있다.
⑤ ㉥이 참이라고 할지라도 ⓐ과 ⓞ은 거짓일 수 있다.

(2018 PSAT 언어논리 31번)

맨 마지막에 친절하게 '유추', 곧 유비 논증이라고 말하고 있다. 언어는 체계성(㉠과 ㉡)을 가지고 있으니 구조를 가지고 있고(㉢), 생산성을 가지고 있으니 역시 구조를 가지고 있다(㉣). 이로부터 언어는 구조를 가진다고 결론 내릴 수 있다(㉤). 우리의 사고도 마찬가지로 체계성과 생산성을 가지고 있다(㉥). ⓐ과 ⓞ이 그 증거이다. 그러니 사고도 구조를 가지고 있다고 추론한다(ⓩ). 언어는 경험 가능하지만 사고는 그럴 수 없으니, 언어와 사고의 유사성으로부터 사고에 대해 특정한 주장을 하려는 것이다. 그런데 본문에서도 말했지만 유비 추론은 귀납 논증이므로, 유사성이 약하면 결론이 거짓일 수 있다. ④가 바로 그런 진술이고, 가장 적절하다. 그런데 전제가 참이더라도 결론이 거짓일 수 있다는 것을 아는 데는 (사실 그것이 무슨 뜻인지부터) 연역과 귀납의 특성에 관해 선지식이 있어야 한다. ④뿐만 아니라 ③과 ⑤를 판단할 때도 마찬가지이다. 이는 마지막 장에서 설명하겠다. 나머지 답지가 적절하지 않은 이유는 다음과 같다.

① ㉠과 ㉡이 합해져 언어의 체계성을 말해 준다. 지지 관계는 아니다.

② ㉥은 사고의 체계성과 생산성에 관한 진술이고, ㉤은 언어의 구조에 관한 진술이니 지지 관계가 아니다.

③ ㉤은 ㉢과 ㉣을 합한 말이다. 따라서 ㉢과 ㉣이 참인데 ㉤이 거짓일 수는 없다.

⑤ 앞에서 말했지만 ㉦과 ㉧은 ㉥의 증거이다. ㉦과 ㉧이 참이라고 할지라도 ㉥이 거짓일 수는 있겠지만, ㉥이 참이라고 할지라도 ㉦과 ㉧은 거짓일 수 있는 관계는 아니다.

16. 일관성

일관성을 지켜야 하는 이유: 아무 말 대잔치

우리는 사람에 대해 일관성, 형평성, 정합성 따위를 요구한다. 요즘 자주 쓰이는 '내로남불'이라는 말도 일관성을 지키지 못함을 비난하는 말이다. 사람이 일관적이지 못하다는 것은 정확히 말하면 그 사람의 생각에서 모순이 있다는 말이다. 일관성은 모든 생각에, 그리고 이론에 요구되는 지적인 덕목이다.

논리학에 따르면 이론이 일관적이지 못하면, 다시 말해서 모순이 있으면, 무슨 말을 해도 맞는 말이 된다. 왜 그런지 잠깐 설명해 보자. "P 그리고 P가 아니다"라고 모순이 있다고 해 보자. 여기서 "P"가 (연언 제거에 의해) 도출된다. 이 명제에 아무 명제인 Q를 덧붙여 (선언 도입에 의해) 선언 명제로 만들어도 된다. "P 또는 Q"라고 말이다. 이제 첫 번째 명제에서 "P가 아니다"가 (연언 제거에 의해) 도출된다. 그러면 (선언 삼단 논법에 의해) "Q"가 도출된다. 모순 명제가 있으면 거기서 이른바 '아무 말 대잔치'가 벌어지는 것이다. 우리가 일관성을 지켜야 하는 것은 그만큼 중요한 일이다. (연언 제거니 선언 도입이니 하는 규칙을 몰라도 이해될 것 같기는 하지만, 알고 싶으면 미안하지만 기본적인 형식 논리학 교과서를 보라.)

이렇게 일관성을 지켜야 한다는 것은 생각하는 인간이라면 반드시 지켜야 하는 법칙이다. 예로부터 철학자들은 이것을 '동일률', '배중률'과 함께 '무모순율'이라는 이름으로 기본적인 사고 법칙으로 받아들인다. '무모순율'은 그냥 '모순율'이라고 많이 부른다. 그러나 정확히 말하면 모순이 있어서는 안 된다는 법칙이므로 '무모순율'이라고 해야 정확하다. 참고로 동일률은 모든 대상은 자기 자신과 같다는 법칙이고, 배중률은 어떤 명제와 그것의 부정 가운데 하나는 반드시 참이라는 법칙이다.

물귀신 논증과 왜 재만? 논증

나는 일관성을 요구하는 논증에 이름을 몇 개 붙여 보았다. 사실은 일상생활에서 우리가 자주 쓰는 말을 논증 이름으로 붙인 것일 뿐이긴 하다. '물귀신 논증'과 '왜 재만? 논증'이 그것이다. 일관성은 비교가 되는 두 사례가 차이가 없다면 똑같이 대우해야 한다고 요구한다. A와 B가 다르지 않은데 그 둘을 다르게 대우한다. 그때 다르게 대우받는 B를 A 수준으로 내리라고 요구할 수도 있고, 거꾸로 B를 A 수준으로 올리라고 요구할 수도 있을 것이다. 첫 번째 것을

'물귀신 논증', 두 번째 것은 '왜 재만? 논증'이라고 이름 붙일 수 있겠다. 물귀신처럼 똑같은 수준으로 끌고 들어가서 ("나만 죽을 수 없다!") 일관성을 지키거나, 아니면 왜 재한테만 특혜를 주느냐고 항의해서 똑같은 수준으로 올리든가 할 수 있을 것이다.

물귀신 논증으로는 이제 우리나라에서 불법이 되었지만 아직도 논쟁 중인 개고기 논쟁이 대표적인 사례이다. 개고기 먹는 것에 찬성하는 쪽은 개고기 반대에 대해, 소나 돼지와 개는 차이가 없는데 왜 개고기만 반대하느냐고 대꾸한다. 개고기를 먹으면 안 된다는 이유라면 소고기나 돼지고기도 똑같이 먹어서는 안 된다고 주장하는 것이다. 개고기 반대에 대해 일관성을 근거로 소고기나 돼지고기까지 끌고 들어가는 것이다. 이런 비판의 실제 의도는 개고기를 먹어서는 안 된다면 소고기나 돼지고기도 먹지 말자는 주장은 아닐 것이다. 소고기나 돼지고기를 먹지 말자는 것이 말이 안 되는 것처럼 그것과 다르지 않은 개고기를 먹지 말자는 주장을 철회하자는 주장이다.

왜 재만? 논증으로는 대마초 합법화 주장을 예로 들 수 있겠다. 대마초 합법화를 주장하는 쪽은 대마초는 유해성에서 담배와 비슷하거나 오히려 대마초가 더 낮은데, 왜 담배만 합법화하느냐고 주장한다. 일관성을 지키기 위해서는 대마초도 똑같이 합법화해 달라고 요구하는 것이다. 여기서도 일관성을 위해서는 대마초가 불법이니 담배도 불법화하자고 물귀신 논증을 쓰는 것도 가능하다. 그러나 대마초 합법화를 주장하는 쪽은 대마초 합법화를 원하니 굳이 그런 논증은 쓰지 않는다.*

가장자리 인간 논증

철학의 '가장자리 인간 논증'은 일관성의 최종 보스이다. 예전부터 철학에서는 인간만의 고유한 특성을 찾아 정의하려고 애써 왔다. 인간을 합리적 동물이나 정치적 동물처럼 정의하기도 하고, 언어를 사용한다든가 도구를 사용한다든가 하는 인간만의 특징을 제시하기도 한다. 그런데 문제는 우리가 상식적으로 인간이라고 생각하고 그리고 생물학적으로 호모 사피엔스에 속하는 구성원 중에 위와 같은 특성들을 가지지 못하는 존재가 있다는 사실이다. 갓난아이나 회복 불가능한 식물인간 등이 그렇다. 이들은 합리적이지도 못하고 사회를 이루며 살지도 않고 언어나 도구를 사용하지도 못한다. 이들을 인간의 정의를 만족시키는 인간 집단의 가장자리 또는 주변부에 있다고 해서 '가장자리(marginal) 인간'이라고 부른다.

문제는 호모 사피엔스가 아닌 종 중에서 인간을 정의하는 특징을 이 가장자리 인간과 같은 수준으로 또는 더 많이 가지고 있는 동물들이 있다는 사실이다. 침팬지를 비롯한 영장류는 갓난아이나 식물인간보다 훨씬 합리적이고 그들 나름의 언어도 있고 일정한 도구도 사용한다. 어쩌면 상당한 수의 포유류도 가장자리 인간보다 그런 특징이 더 있을지도 모른다. 그런데 우리는 가장자리 인간과 이들 동물을 다르게 대우한다. 영장류를 포함해 포유류를 대상으로는 동물 실험도 하고 도축하여 먹기도 하고 동물원에 가두기도 한다. 하지만 가장자리 인간에게 이런 짓을 한다는 것은 상상만 해도 끔찍하다.

가장자리 인간 논증은 이런 상황에서 일관적인 대우를 요구한다. 가장자리 인간에게 그런 짓을 할 수 없다면 다른 동물에게도 똑같이 하면 안 된다는 것이다. 합리성 따위의 특성을 똑같이 또는 덜 가지고 있는데 가장자리 인간에게 특혜를 준다고 비판하고 있으니 '왜 쟤만? 논증'이라고 볼 수 있겠다. 그래서 가장자리 인간 논증은 동물에게도 윤리적 대우를 하자는 주장으로 쓰인다. 거꾸로 동물을 실험 대상으로 삼거나 먹는 것처럼, 가장자리 인간도 실험 대상으로 삼거나 먹자고 주장한다면 '물귀신 논증'에 해당하겠지만 그런 주장을 하기에는 격렬한 반발을 감당하기 어렵다. 그런 주장을 하는 철학자들이 소수이긴 하지만 있기는 하다.

> [꿀팁] 까짓것, 가장자리 인간도 동물처럼 실험 대상으로 삼으면 되지 않느냐는 반응을 영어로 bite the bullet이라고 한다. 하기 싫지만 이를 악물고 하는 것이다. 예전에 마취제가 없던 시절에 전쟁터에서 부상당한 환자를 수술할 때 고통을 참으라고 총알을 꽉 물게 한 데서 나온 말이라고 한다. 우리말로는 '울며 겨자 먹기' 정도 되겠다. 14장에서 '당혹스러운 결론'을 말했는데, 당혹스러워도 그냥 받아들이겠다는 사람이 있을 수 있다. 그때도 이 말을 쓸 수 있겠다. 단 이런 선택을 했을 때는 혼자만 이를 악물면 안 된다. 다른 사람들도 그 고통을 꾹 참을 수밖에 없는 강력한 논변을 제시해야 한다.

부권적 간섭주의

　위에서 왜 쟤만? 논증으로 예를 든 대마초 사례를 다시 들어 보자. '부권적 간섭주의'라는 것이 있다. 이것은 꼭 철학만의 주제는 아니고 사회 과학의 주제이기도 하다. 현대 자유주의 국가의 대전제는 다른 사람에게 피해를 주지 않는다면 개인의 사생활에 간섭하지 않는다는 것이다. 예컨대 현대 국가는 머리를 기르든 말든, 성인이 동의에 의한 성관계를 하든 말든 간섭하지 않는다.

그런데 여전히 다른 사람에게 피해를 주지 않는데도 국가가 간섭하여 규제하는 제도가 있다. 안전띠를 매라고 하거나 도박을 단속하거나 대마초를 피우지 못하게 하는 것이 그런 사례이다. 이런 규제를 어겼을 때는 과태료를 물거나 형벌을 받는다. 도박하거나 대마초를 피우는 것은 개인의 사생활인데도 국가가 규제하는 것을 옹호하는 이론이 부권적 간섭주의이다. 도박하면 패가망신하고 대마초를 피우면 몸이 상하는 것은 분명하기에 국가가 '부모의 마음으로' 사생활에 간섭해도 된다는 것이다. 부권적 간섭주의는 '온정주의'나 '후견주의'라고도 한다.

그런데 부권적 간섭주의를 반대하는 쪽은 국가가 오지랖을 떤다고 비판한다. 이것도 일관성을 거론하여 비판하는 것이다. 도박하면 패가망신할 것을 걱정하여 규제하지만 주식이나 코인 등 다른 도박성 경제 활동에는 간섭하지 않는다. 대마초는 몸이 상할 것을 걱정하여 규제한다면서 똑같이 또는 더 몸이 상하게 만드는 담배나 술은 규제하지 않는다. 부권적 간섭주의를 비판하는 사람은 모두 다 규제하자는 주장은 아니라 모두 다 규제하지 말자는 주장이므로 '물귀신 논증'보다는 '왜 재만? 논증'을 쓴다고 말할 수 있겠다.

일관성 요구 피하기

일관성을 요구하는 논증에 대해서는 정말로 일관성을 요구할 만한 똑같은 상황인지 검토해 보면 된다. 이 세상에 똑같은 상황은 없다. 똑같다고 생각해서 일관적이어야 한다고 말하지만, 실은 관련 있는 점에서 차이점이 있다면 그 요구를 피할 수 있을 것이다.

가장자리 논증을 피하는 방법으로는 가장자리 인간이라고 하더라도 다른 동물들과 달리 특혜를 받는 이유를 제시하면 된다. 다만 "우리와 같은 인간이니까."라는 근거는 자의적이다. 그런 식의 이유를 합당하다고 받아들이면, 성차별주의자나 인종 차별주의자가 "우리와 같은 남자니까."나 "우리와 같은 백인이니까."라고 말하는 근거도 받아들여야 하기 때문이다. "우리가 남이가?"라는 태도가 왜 비판받겠는가? 가장자리 인간이라도 보호자가 있으므로 실험동물이나 먹을 것으로 쓸 수 없다는 차이점을 제시할 수도 있겠다. 그러면 역시 보호자가 있는 동물도 실험용이나 먹을 것으로 쓸 수 없고, 보호자가 없는 가장자리 인간은 그런 용도로 써도 된다는 결론이 나올 것이다.

부권적 간섭주의를 비판하는 것에 답변하기 위해서도 이런 식의 차이점을 제시해야 한다. 가령 주식이나 코인은 도박과 달리 도박성보다는 경제 발전에 도움이 된다는 식으로 말이다. 14장에서도 말했지만 담배나 술과 달리 대마초는 마약으로 가는 관문이 된다는 차이점도 제시할 수 있을 것이다. 물론 이런 답변들에 대해 다시 일관성을 제시하며 재비판이 가능할 것이다.

철학 익힘

* 대마초 합법화 주장은 2015 LEET 논술 1번 문항의 제시문으로 출제되었다.

문제. ㉠과 ㉡에 대한 평가로 옳은 것만을 〈보기〉에서 있는 대로 고른 것은?

많은 사람들은 ㉠동물에게도 도덕적 지위를 인정해야 한다고 주장한다. 어떤 대상에게 도덕적 지위를 부여하려면 적어도 그것이 쾌락과 고통의 감각 능력뿐만 아니라 주체적으로 지각하고 판단할 수 있는 능력까지 갖고 있어야 할 것이다. 사람들은 많은 고등 동물들이 이 두 가지 능력을 갖추었다고 판단한다. 물론 개나 고양이의 지각·판단 능력은 인간에 비해 열등하지만, 그렇다고 동물들이 주체적이지 않다고 하기는 어렵다. 단지 인간 수준에 못 미치는 것이 이유라면, 혹시라도 인간보다 훨씬 우월한 외계 종족 앞에서 우리가 주체적이지 않은 존재로 무시될 가능성이 있다. 그런 가능성이 우려된다면, 우리도 개나 고양이의 주체적 지각·판단 능력을 인정하는 편이 낫다.

로봇의 경우는 어떤가? 일반적으로 로봇의 핵심 특성으로 간주되는 지각, 정보 처리, 행동 출력의 세 요소는 동물의 주요 특징이기도 하다. 게다가 외부 자극을 수용하고 그 정보를 처리하여 적절한 반응을 출력하는 능력을 인정한다면, 쾌락과 고통의 감각 능력도 함께 인정하는 것이 자연스럽다. 이를테면, 로봇의 팔을 송곳으로 찔렀을 때 팔을 움츠리며 "아야!" 한다면 지금 고통을 느끼고 있다고 판단할 수 있다는 것이다. 또한 로봇을 금속이나 플라스틱이 아니라 동물의 신체와 동질적인 유기물 재료로 구성하는 일도 얼마든지 가능하다. 그렇게 보면 아마도 로봇과 동물의 차이가 분명해지는 측면은 양자의 발생적 맥락뿐일 것이다. 이렇듯 동물과 로봇의 유사성이 충분히 인정되는 상황에서, 적어도 동물에게 도덕적 지위를 부여할 수 있다고 생각하는 사람이라면, 심지어 지각 및 정보처리 능력에서 인간 수준에 필적해 있는 ⓒ로봇에게 도덕적 지위를 부여하지 못할 이유는 없을 것 같다.

〈보기〉

ㄱ. 동물과 로봇의 발생적 이력 차이가 쾌락 및 고통의 감각 능력을 평가하는 데 매우 중요한 요소로 밝혀진다면, ㉠에는 영향이 없고 ⓒ은 약화된다.
ㄴ. 동물과 로봇의 구성 소재 차이가 극복할 수 없는 것으로 밝혀진다면, ㉠은 강화되지만 ⓒ은 약화된다.
ㄷ. 인간보다 우월한 지각 및 판단 능력을 가진 대상이 존재하지 않는다면, ㉠은 약화되지만 ⓒ은 강화된다.

① ㄱ
② ㄴ
③ ㄱ, ㄷ
④ ㄴ, ㄷ
⑤ ㄱ, ㄴ, ㄷ

(2018 LEET 추리논증 11번)

이 지문에는 일관성 논증이 두 단계를 거친다. 먼저 사람은 쾌락·고통의 감각 능력과 주체적 지각·판단 능력이 있으므로 도덕적 지위가 있는데, 그렇다면 그 능력들이 똑같이 있는 동물도 도덕적 지위가 있어야 한다는 것이다. 더 나아가 로봇에게도 그런 능력이 있다면 로봇 역시 도덕적 지위가 있다는 것이다. 일관성 논증이 이 두 가지 말고 하나 더 있다. 동물에게 지각·판단 능력이 있다고 하더라도 인간보다 열등하게 있다는 이유로 무시하는 사람이 있을 것이다. 그런 사람은 우리보다 훨씬 우월한 외계 종족이 우리의 지각·판단 능력이 열등하거나 그런 능력이 아예 없다고 무시하는 것을 받아들여야 한다. 그런데 그럴 수 없다면 동물의 지각·판단 능력도 인정해야 하지 않느냐는 것이다.

ㄱ. 발생적 이력 차이는 동물과 로봇 사이에서만 언급되고 있다. 본문에서 일관성의 요구를 피할 때 관련 있는 점에서 차이점을 지적하면 된다고 했는데, 지문의 2문단에서 "로봇과 동물의 차이가 분명해지는 측면은 양자의 발생적 맥락뿐일 것이다"라고 말하고 있으므로, 그 차이가 중요한 요소로 밝혀진다면 ⓒ은 약화될 것이다. 인간과 동물 사이에서는 발생적 이력 차이가 언급되지 않으므로 그것이 밝혀진다고 해도 ⓒ에는 영향이 없다. ㄱ은 옳은 평가이다.

ㄴ. 로봇에 관한 정보는 ⓒ과 전혀 상관없다. 지문에서는 로봇을 "동물의 신체와 동질적인 유기물 재료로 구성하는 일도 얼마든지 가능하다"고 했는데, "동물과 로봇의 구성 소재 차이가 극복할 수 없는 것"으로 밝혀진다면 ⓒ은 약화되긴 할 것이다. 하지만 ⓒ의 약화 여부를 판단할 필요 없이 ⓒ에 관한 평가가 틀렸으므로 ㄴ은 옳지 않은 평가이다.

ㄷ. 인간보다 우월한 지각 및 판단 능력을 가진 대상은 외계 종족을 말할 텐데, 외계 종족에 의한 일관성 논증은 동물에게 인간과 같

은 도덕적 지위를 부여하는 데 일조했다. 따라서 그런 대상이 존재하지 않는다면 ㉠은 약화될 것이다. 그리고 로봇의 도덕적 지위도 동물의 도덕적 지위와의 일관성에 의해 보장되므로 ㉠이 약화된다면 ㉡도 약화될 것이다. 그런데 ㉡이 강화된다고 했으므로 ㄷ은 옳지 않은 평가이다.

    정답은 ①이다.

17. 딜레마

딜레마에 빠지다

딜레마의 일상적인 뜻은 두 가지 중 하나를 선택해야 하는데, 어느 쪽을 선택해도 바람직하지 못한 결과가 나오게 되는 곤란한 상황을 말한다. 결혼은 해도 후회, 하지 않아도 후회라는 말이 있다. 결혼을 할지 말지 딜레마에 빠지는 것이다.

딜레마는 이렇게 부정적인 뜻으로 쓰는 경우가 많다. '딜레마에 빠지다'고 하거나 '딜레마에 빠뜨린다'라는 관용구도 보면 바람직하지 않은 상황이라는 것을 알 수 있다. 그러나 논리학에서 딜레마는 그 형식만 놓고 보면 꼭 바람직하지 않은 상황에서만 쓰이는 것은 아니다. 딜레마 논증을 표준적 형태로 표현하면 다음과 같다.

    P 또는 Q이다.

P이면 R이다.

Q이면 S이다. [Q이면 R이다.]

따라서 R 또는 S이다. [따라서 R이다.]

(R과 S는 같은 명제여도 된다. 그러면 대괄호 속에 있는 형태가 된다.)

    P와 Q는 선택해야 할 두 가지 상황이다. P를 선택하면 R이 도출되고, Q를 선택하면 S가 도출되는데, 이때 R와 S가 꼭 바람직하지 않은 상황일 필요는 없다. 바람직한 상황이어도 된다. 논리학에서는 바람직하지 않은 상황일 때는 '파괴적 딜레마', 바람직한 상황일 때는 '건설적 딜레마'라고 부른다. 결혼은 해도 후회고 안 해도 후회라면 파괴적 딜레마이다. 그러나 누군가 결혼은 해도 좋고 안 해도 좋다고 말했다고 하면, 그것은 건설적 딜레마이다. 사과를 먹을지 도넛을 먹을지 고민하는데, 사과를 먹자니 맛이 없고 도넛을 먹자니 살이 찐다고 생각한다면 '불행한' 딜레마이고, 사과를 먹으면 건강에 좋고 도넛을 먹으면 맛이 있다고 생각한다면 '행복한' 딜레마이다.

    결혼은 해도 후회, 하지 않아도 후회라는 말은 소크라테스가 했다고 알려져 있다. 인터넷에서 회자되거나 화장실에 붙은 대부분의 명언이 그렇지만 소크라테스가 말했다는 근거는 없다. 좀 더 구체적으로 소크라테스가 "반드시 결혼하라. 좋은 아내를 얻으면 행복할 것이다. 나쁜 아내를 얻으면 철학자가 될 것이다."라고 했다는 말도 전해진다. 만약 철학자가 되는 일이 행복한 일이라면(정말 그런가?), 이것은 행복한 딜레마가 될 것이다.

왜 도덕적으로 살아야 하는가? 신이 시켜서.

형식은 건설적이든 파괴적이든 다 가능하지만, 철학자들도 파괴적 형태의 딜레마로 상대방을 바람직하지 않은 곤란한 상황에 빠뜨리는 경우가 대부분이다. 유명한 플라톤의 신명론 비판을 보자. 신명론은 도덕은 신의 명령이라는 이론이다. 우리는 도덕적으로 살아야 한다고 생각한다. 철학자들은 한 걸음 더 나아가 "왜 도덕적으로 살아야 하는가?"라고 묻는다. 여기에 신이 그렇게 시켰기 때문이라고 대답하는 것이 신명론이다. 플라톤은 『에우티프론』에서 딜레마 형식으로 신명론을 비판했다. 6장에서 말한 바로 그 딜레마이다.

그는 신이 명령하기에 도덕이 되는지 아니면 그것이 도덕이기에 신이 명령했는지 묻는다. (6장에서도 인용했지만 정확한 원문은 "경건한 것은 그것이 경건하기 때문에 신들한테 사랑받겠소, 아니면 그것이 신들한테 사랑받기 때문에 경건하겠소?"이다.) 전자라고 해 보자. 그러면 신이 말하는 것은 무엇이든 도덕이 돼 버린다. 가령 "나를 믿지 않는 사람들은 모두 죽여라."라고 해도 신의 명령이므로 그것이 도덕이다. 이것은 우리의 상식과 맞지 않는다. 신명론 쪽에서는 신이 그런 부도덕한 명령을 할 리가 없다고 말할 것이다. 이것은 곧 후자를 선택한다는 말이다. 다시 말해서 신이 명령하는 이유는 그것이 도덕이기 때문이라는 것이다. 그러나 이 말은 신과 상관없이 도덕이 먼저 존재한다는 뜻이 된다. 도덕이 먼저 있고 신은 그것을 명령할 따름이다. 정리하면 신이 명령하기에 도덕이라고 말하면 상식적으로 도덕이 아닌 것도 도덕이 돼 버리고, 도덕이기에 신이 명령한다고 한다면 도덕은 신과 상관이 없어진다. 신명론은 딜레마에 빠진다. 그렇다면 신명론은 우리가 왜 도덕적으로 살아야 하느냐는 물음에 적절한 대답이 아니다.

트롤리의 딜레마

트롤리의 딜레마는 자율 주행 자동차 때문에 일반인에게도 널리 알려져 있다. 풋이라는 현대 영국 철학자가 제시한 딜레마이다. 트롤리는 노면 전차를 말한다. 전차가 운행 중에 브레이크가 고장이 나서 멈출 수 없다. 전차가 원래 가던 선로에는 5명의 인부가 일하고 있는데 연락할 방법이 없다. 기관사는 전차를 멈출 방법은 없는데, 갈라진 길로 방향을 틀 수는 있다. 그쪽에는 1명의 인부가 일하고 있다. 가던 선로로 계속 가게 둘 것인가 아니면 방향을 틀어야 할 것인가?

> [꿀팁] 트롤리는 트램이라고도 한다. 풋은 '트램'이라고 했는데, 톰슨이 '트롤리 문제'라고 이름을 붙이고 논쟁적으로 만들었다. 앞 장에서 바이올리니스트 사고 실험을 제시한 그 톰슨이다. 풋과 톰슨 모두 여성 철학자이다.

5명이 죽는 것보다 1명이 죽는 것이 나으므로 방향을 틀어야 한다고 말하는 사람들이 많다. 그러면 딜레마가 성립하지 않는다. 방향을 트는 것이 그리 녹록한 일이 아니기에 딜레마가 된다. 가던 길을 계속 가면 더 많은 사람이 죽게 된다. 그렇다고 해서 방향을 틀면 적은 사람이 죽게 되지만 이것은 기관사가 방향을 틂으로써 사람을 '죽인' 것이다. 반면에 가던 길을 계속 가서 5명이 죽는 것은 기관사가 죽인 것이 아니라 '죽게 내버려 둔' 것이다. '죽게 내버려 두는' 행위도 잘하는 행위는 아니지만 '죽이는' 행위는 이보다 훨씬 더 비난받는다. 그렇지 않은가? 죽음에 처한 사람을 구하지 않으면 비난을 받기는 하겠지만, 일부러 죽이는 것보다는 덜 비난받는다. 정리하면 방향을 안 틀면 많은 사람이 죽게 되고, 방향을 틀면 사람을 죽이게 되는 딜레마에 빠진다.

이 세상이 결정되어도 결정되지 않아도

이번에는 딜레마가 사용된 좀 더 어려운 철학 논증을 보자. 결정론은 이 세상의 모든 일이 앞선 원인에 의해 결정된다고 주장하는 이론이다. 거창하게는 이상 고온은 지구 온난화 때문이고, 사소하게는 내가 속이 쓰린 것은 어제 과음했기 때문인데, 이렇게 모든 일에는 원인이 있다는 주장이다. 그런데 문제는 결정론이 옳으면 우리의 모든 행동도 앞선 원인의 결과이므로 자유 의지가 없게 된다는 것이다. 나는 오늘 중국집에서 짬뽕을 시켰다. 사장님이 통일하라고 해서 억지로 시킨 것이 아니라 얼큰한 게 먹고 싶어서 내 자유 의지로 시켰다고 생각한다. 그러나 얼큰한 게 먹고 싶게 만든 원인이 있을 것이고, 그 원인의 원인이 또 있을 것이고, 그렇게 원인을 거슬러 올라가다 보면 내가 태어나기 전까지 간다. 내가 태어나기 전에 오늘 중국집에서 짬뽕을 시킬지 정해졌는데 이것을 자유 의지에 의한 행동이라고 말할 수 없지 않은가?

자유 의지는 인간을 동물이나 로봇과 구분하는 중요한 특성으로 생각된다. 자유 의지가 없다면 사람이 한 행동은 동물이나 로봇의 행동과 다름이 없으므로 칭찬도 할 수 없고 처벌도 할 수 없다. 이렇게 소중한 자유 의지가 결정론 때문에 부정된다면 결정론을 버리면 되지 않을까? 바로 비결정론이 그런 주장을 한다. 비결정론은 인과적으로 결정되는 사건들도 있겠지만, 적어도 사람의 행동은 앞선 원인에 의해 결정되지 않는다고 주장한다. 그러나 비결정론에 의해 자유 의지가 살아날까? 전혀 그렇지 않다. 인과적으로 결정되지 않았다는 것은 나의 통제를 벗어나 있다는 뜻이고, 이것은 제멋대로 일어났다는 뜻이기 때문이다. 제멋대로 일어난 일이 자유 의지로 한 것은 아니지 않은가?

결국 결정론이 성립하든 성립하지 않든 자유 의지가 없다는 딜레마가 생긴다. 결정론이 성립하면 우리의 행동은 사전에 결정되었으므로 자유 의지에 의한 것이 아니고, 결정론이 성립하지 않으면 우리의 행동은 제멋대로 일어난 것이므로 자유 의지에 의한 것이 아니다. 상식과 달리 인간에게는 자유 의지가 없다!*

딜레마 피하기

딜레마의 두 가지 선택지를 두 '뿔'로 비유를 많이 한다. 딜레마에 빠지는 것은 이쪽 뿔을 피하려면 저쪽 뿔에 찔리고 저쪽 뿔을 피하려면 이쪽 뿔에 찔리는 것에 비유할 수 있겠다. 그렇다면 딜레마를 피하는 것, 다시 말해서 딜레마 논증을 비판하는 것도 뿔 비유로 말

> [꿀팁] 걸그룹 에이핑크가 2022년 발표한 노래 'Dilemma'가 실린 앨범 제목이 'Horn'이다. 앨범 제작자는 딜레마의 '뿔' 비유를 알고 있는 것이다. 신라의 고승 원효 대사는 화쟁(和諍) 사상을 주창한 것으로 유명한데, 화쟁은 서로 다른 주장을 화해시킨다는 뜻이다. 원효 대사는 소의 두 뿔 사이에 붓과 벼루를 놓고 소달구지에서 책을 썼다고 하는데, 화쟁 사상과 딜레마 해결이 통하는 것 같다.

할 수 있다. 두 가지가 가능한데, 뿔 사이로 피하는 것과 뿔을 꺾는 것이 그것이다.

첫 번째는 뿔 사이로 피하는 것이다. 딜레마의 논리적 형식을 보면 "P 또는 Q이다."라는 전제가 성립해야 한다. 이 전제가 참이라는 것은 P도 아니고 Q도 아닌 제3의 선택지가 없어야 한다는 것이다. 제3의 선택지가 있다면 두 뿔에 찔릴 것 같을 때 뿔 사이로 피해 버리면 그만이다. 들머리에서 말한 결혼 딜레마에서 결혼과 결혼하지 않는 것 사이를 피해갈 수 있다. 정식으로 결혼하지 않지만 결혼한 것과 마찬가지로 동반자(파트너)로 사는 형태가 그것이다. 플라톤의 『메논』편에서 제시된 딜레마가 있다. "사람은 알고 있으면 배울 필요가 없다. 모르면 배워도 모른다. 따라서 사람은 배울 필요가 없다." 여기에는 "사람은 알거나 모르거나 둘 중의 하나이다."라는 전제가 숨어 있다. 그러나 이 전제가 맞을까? 대부분 사람들은 부분적으로는 알고 부분적으로는 모르는 그런 제3의 상태에 있다. 따라서 이 딜레마는 성립하지 않는다.

두 번째는 뿔을 꺾는 것이다. 딜레마의 논리적 형식에는 위 전제 외에 "P이면 R이다."라는 전제와 "Q이면 S이다."라는 전제도 있다. 뿔을 꺾는 것은 이 전제들 중 하나가 틀렸다고 지적하는 것이다. 트롤리의 딜레마에서 가던 방향으로 가더라도 꼭 5명이 죽는 것은 아니라고 지적하면 뿔을 꺾는 것이 된다. 인부들이 전차가 오는 것을 알고 피할 수 있기 때문이다. 그러나 트롤리의 딜레마는 애초에 사고 실험이라서 그런 가능성은 배제하고 있다. 소크라테스는 『메논』의 딜레마에서 "모르면 배워도 모른다."라는 뿔을 비판한다. 배움이라는 것은 전생에 이미 알고 있는 것을 상기하는 것이기에 아무리 모르는 사람이라도 배울 수 있다는 것이다. 유명한 상기론이다. 그래서 노예 소년에게 기하학을 가르치는 시범을 보인다.

결정론과 자유 의지 딜레마에서는 뿔 사이로 피하기는 어렵다. 결정론은 성립하든 성립하지 않든 둘 중 하나이기 때문이다. 두 뿔 중 하나를 꺾는 방법이 가능하다. 첫 번째 뿔은 결정론이 성립하면 자유 의지가 없게 된다고 주장한다. 꼭 그럴까? 결정론이 성립하면 자유 의지가 없게 된다고 판단한 이유는 행동에 원인이 있으면 그 행동에는 자유 의지가 없을 것이라고 생각했기 때문이다. 원인이 있다고 해도 그 원인이 외부의 강제 때문에 생긴 것이라면 자유 의지가 없는 것은 당연하다. 사장님이 먹기에 어쩔 수 없이 짬뽕으로 통일했다면 나는 다른 것을 시킬 수 없었기 때문이다. 그러나 원인이 있다고 해도 내가 다른 식으로 행동할 수 있었다면 자유 의지는 있다. 나는 얼큰한 것이 먹고 싶어서 짬뽕을 시켰기에 원인은 있지만, 짜장면을 시킬 수도 있었기 때문이다.

딜레마를 피하는 또 하나의 방법이 있는데, 반대 딜레마로 맞받아치는 것이다. 두 딸을 각각 염전하는 사람과 우산 장수에게 시집보낸 부모가 있다. 부모는 비가 오면 염전하는 사람에게 시집간 딸 때문에 걱정하고, 비가 안 오면 우산 장수에게 시집간 딸 때문에 걱정하는 딜레마에 빠진다. 그러나 그 부모에게 항상 기뻐하는 딜레마도 가능하다고 알려 주면 그게 반대 딜레마로 맞받아치는 것이다. 그런데 반대 딜레마로 맞받아치는 방법은 논리적인 기법보다는 수사적인 기법이 필요하다. 뿔 사이로 피하기와 뿔 꺾기는 어디에 집중하면 되는지 아는데, 딜레마를 뒤집어 보는 것은 어떻게 하면 되는지 감이 얼른 오지 않는다는 말이다.

고대 그리스의 소피스트인 프로타고라스에게 에우아틀로스라는 제자가 다음과 같이 제안했다고 한다. "제가 첫 재판에 승소하면 그때 수강료를 내겠습니다." 프로타고라스는 이를 받아들여 에우아틀로스에게 변론술을 가르쳤다. 그런데 에우아틀로스가 수업을 다 듣고도 소송에 임하지 않자, 프로타고라스가 그를 상대로 소송을 걸었다.

나는 승소하든가 패소하든가 둘 중 하나이다.
내가 승소하면 판결에 따라 수강료를 받게 된다.
내가 패소하면 자네는 계약에 따라 수강료를 내야 한다.
자네는 어떻게든 수강료를 내야 한다.

에우아틀로스는 이 딜레마에 맞받아치는 식으로 반론한다. 다음과 같이 말이다.

저는 승소하든가 패소하든가 둘 중 하나입니다.

제가 승소하면 판결에 따라 수강료를 내지 않게 됩니다.

제가 패소하면 계약에 따라 수강료를 내지 않아도 됩니다.

저는 어떻게든 수강료를 내지 않아도 됩니다.

위 딜레마는 철학뿐만 아니라 법학에서도 유명한 주제이고, 해결하기 위해서는 법학적인 지식이 필요하다. 둘 사이의 계약에서 '첫 재판'이라고 한 점에 주목해야 한다. 프로타고라스가 먼저 소송을 걸었을 때는 에우아틀로스는 아직 첫 재판에서 승소한 것이 아니므로, 프로타고라스가 패소한다. 프로타고라스는 다시 한 번 재판을 걸면 된다. 이제는 에우아틀로스가 첫 재판에서 승소한 상태가 되므로, 애초에 자신이 한 제안대로 수강료를 내야 한다. 에우아틀로스가 맞받은 딜레마에서 두 번째 전제가 거짓이 되는 것이다. 다시 말해 첫 번째 뿔이 꺾이게 되는 것이다.**

[꿀팁] 딜레마를 '양도 논법'이라고도 부른다. '진퇴양난', '이판사판', '사면초가'도 뉘앙스가 비슷하다. 영어에서는 'between Scylla and Charybdis'이나 'between a rock and a hard place'라는 표현도 쓴다. 스킬라와 카리브디스는 그리스 신화에 나오는 바다 괴물이다.

철학 익힘

* 결정론과 자유 의지 딜레마는 2009 MEET/DEET 언어추론 시험에 지문으로 출제되었다.
** 프로타고라스와 에우아틀로스의 재판 내용은 2016 수능 국어 영역에 지문으로 출제되었다.

문제. 다음 글의 '도덕적 딜레마 논증'에 대한 비판으로 적절한 것만을 〈보기〉에서 모두 고르면?

1890년대에 이르러 어린이를 의료 실험 대상에서 배제해야 한다는 주장이 대두되었다. 그 주장의 핵심적인 근거는 어린이가 의료 실험과 관련하여 제한적인 동의능력만을 가지고 있다는 것이었다. 여기서 동의능력이란, 충분히 자율적인 존재가 제안된 실험의 특성이나 위험성 등에 대한 적절한 정보를 인식하고 그것에 기초하여 그 실험을 자발적으로 받아들일 수 있는 능력을 일컫는다. 그렇기 때문에 어린이를 실험 대상으로 하는 연구는 항상 도덕적 논란을 불러일으켰고, 1962년 이후 미국에서는 어린이에 대한 실험이 거의 시행되지 않았다. 이러한 상황에서 1968년 미국의 소아 약물학자 셔키는 다음과 같은 '도덕적 딜레마 논증'을 제시하였다. 어린이를 실험 대상에서 배제시키면, 어린이 환자 집단에 대해 충분한 실험을 하지 않은 약품들로 어린이를 치료하게 되어 어린이를 더욱 커다란 위험에 몰아넣게 된다. 따라서 어린이를 실험 대상에서 배제하는 것은 도덕적으로 올바르지 않다. 반면, 어린이를 실험 대상에서 배제하지 않으면, 제한적인 동의능력만을 가진 존재를 실험 대상에 포함하게 된다. 제한된 동의능력만을 가진 이를 실험 대상에 포함하는 것은 도덕적으로 올바르지 않다. 따라서 어린이를 실험 대상에 포함하는 것은 도덕적으로 올바르지 않다. 우리의 선택지는 어린이를 실험 대상에서 배제하거나 배제하지 않는 것뿐이다. 결국 어떠한 선택을 하든 도덕적인 잘못을 저지를 수밖에 없다.

〈보기〉

ㄱ. 어린이를 실험 대상으로 하는 연구는 그 위험성의 여부와는 상관없이 모두 거부되어야 한다. 왜냐하면 적합한 사전 동의 없이 행해지는 어떠한 실험도 도덕적 잘못이기 때문이다.

ㄴ. 동물 실험이나 성인에 대한 임상 실험을 통해서도 어린이 환자를 위한 안전한 약물을 만들어낼 수 있다. 따라서 어린이를 실험 대상에 포함하지 않더라도 어린이 환자가 안전하게 치료받지 못하는 위험에 빠지지 않을 수 있다.

ㄷ. 부모나 법정 대리인을 통해 어린이의 동의능력을 적합하게 보완할 수 있다. 어린이의 동의능력이 부모나 법정 대리인에 의해 적합하게 보완된다면 어린이를 실험 대상에 포함해도 도덕적 잘못이 아닐 수 있다. 따라서 이런 경우의 어린이를 실험 대상에 포함해도 도덕적 잘못이 아닐 수 있다.

① ㄱ
② ㄴ

③ ㄱ, ㄷ
④ ㄴ, ㄷ
⑤ ㄱ, ㄴ

(2014 민간경력자일괄채용시험 언어논리 24번 문제)

문두와 지문에서 대놓고 '딜레마 논증'이라고 말하고 있으므로 딜레마임을 쉽게 짐작할 수 있다. 그러니 딜레마의 표준적 형태로 정리하면 된다.

    어린이를 실험 대상에서 배제하거나 배제하지 않는다.
    어린이를 실험 대상에서 배제하면, 어린이 환자 집단에 대해 충분한 실험을 하지 않은 약품들로 어린이를 치료하게 되어 어린이를 더욱 커다란 위험에 몰아넣게 된다.
    어린이를 실험 대상에서 배제하지 않으면, 제한적인 동의 능력만을 가진 존재를 실험 대상에 포함하게 된다.
    어떠한 선택을 하든 도덕적인 잘못을 저지를 수밖에 없다.

딜레마를 피하는 방법으로는 뿔 사이로 피하는 것과 뿔 꺾기가 가능하다고 했다. 뿔 사이로 피하는 것은 위 논증에서 첫 번째 전제, 곧 "어린이를 실험 대상에서 배제하거나 배제하지 않는다."를 비판하는 것이고, 이는 배제하거나 배제하지 않는 것 말고 제3의 가능성이 있다고 주장하는 것이다. 뿔 꺾기는 두 번째 전제와 세 번째 전제를 각각 비판하는 것이다. 〈보기〉의 ㄱ, ㄴ, ㄷ이 여기에 해당하는지 살펴보자.

먼저 ㄱ은 두 번째 전제를 그대로 말하고 있으니 뿔 꺾기를 하는 게 아니라 ㄱ을 지지한다. 오히려 ㄱ은 어린이에게 위험하니 실험을 하면 안 된다는 주장인데, ㄱ은 위험성과 상관없이 거부되어야 한다고 주장하니 강화하는 셈이다.

ㄴ은 어린이를 대상으로 하지 않아도 동물 실험이나 성인 대상의 임상 실험으로 어린이 환자를 위한 안전한 약물을 만들어낼 수 있다고 주장하니, 두 번째 전제를 비판하고 있다. 뿔 꺾기를 한 것이다.

ㄷ은 어린이는 동의 능력이 없지만, 부모나 법정 대리인을 통해 그것을 보완할 수 있다고 주장하니 세 번째 전제를 비판하고 있다. 역시 뿔 꺾기를 한 것이다. 물론 아무리 부모나 법정 대리인이라고 해도 어린이의 의사를 제대로 대리할 수 있느냐고 재비판할 수는 있지만, 어쨌든 뿔 꺾는 시도는 했다.

따라서 '도덕적 딜레마 논증'에 대한 비판으로 적절한 것은 ㄴ과 ㄷ이다. 정답은 ④이다.

18. 오컴의 면도날: 단순성의 원리

비행기인가, UFO인가?

밤하늘에서 반짝이는 불빛을 보았다고 하자. 그 정체가 무엇인지 두 가지로 설명이 가능하다. 하나는 비행기나 인공위성이라고 설명하고, 다른 하나는 UFO(미확인 비행 물체)라고 설명한다. 두 가정의 설명력은 똑같다. 비행기나 인공위성이라고 가정해도 반짝이는 불빛이 설명되고, UFO라고 가정해도 반짝이는 불빛이 설명된다. 어느 쪽이 더 그럴듯한 설명일까?

비행기나 인공위성이라고 한다면 지금까지 있는 존재나 이론만으로 설명이 가능하다. 그러나 UFO라고 한다면 새로운 존재나 이론을 가정해야 한다. 그냥 UFO만 가정해서는 안 되고, 우주에 생명체가 있고 그 생명체가 속한 사회는 상당한 과학 기술이 발전했으며 이들이 그동안 지구를 방문했는데 한 번도 발견되지 않은 점 등

> [꿀팁] 오컴의 로마자 표기는 Ockham이나 Occam으로 쓴다. 프란치스코회의 수도사였다. 프란치스코회는 겸손함과 청빈함을 실천한다는 점에서 최소한의 존재만 인정한다는 오컴의 면도날의 정신과 통한다.

설명되어야 할 점이 많다. 이럴 때 우리는 훨씬 단순한 전자의 설명의 손을 들어준다. 더 간단한 존재와 이론만으로 설명이 가능한데, 쓸모 없는 것을 가정할 필요가 없기 때문이다.

단순성의 원리

더 복잡한 것을 끌어들이지 않고서도 무엇인가를 충분히 설명할 수 있다면 그 설명이 가장 좋은 설명이라는 원리를 '오컴의 면도날'이라고 부른다. 다르게 말하면 '단순성의 원리'이다. '경제성의 원리'나 '절약의 원리'라고도 부른다. 이 세상에 존재하는 모든 것들은 아무리 빈약한 일이라도 무슨 일인가를 한다. 쓸모없이 존재하는 것은 없다. 따라서 아무 일도 하지 않는 것을 가정할 필요는 없다. 그런 것이 있다면 면도날로 싹둑 잘라 버려야 한다. 그것이 오컴의 면도날의 비유이고, 단순성의 원리가 말하는 바이다.

오컴은 서양 중세의 영국 철학자이다. 정확히 말하면 오컴은 지역 이름이고 윌리엄이 이름이다. 윌리엄이라는 이름이 많다 보니 구분하기 위해서 '오컴의 윌리엄'이라고 하는데, 그냥 '오컴'이라고 많이 부른다. 그는 "복수성은 불필요하게 상정해서는 안 된다."라거나 "더 적은 것으로 할 수 있는데 더 많은 것으로 하는 것은 헛된 일

> [꿀팁] 오컴의 윌리엄은 움베르토 에코의 소설 『장미의 이름』의 주인공인 배스커빌의 윌리엄의 모티브라고 한다. 프란시스코회의 수도사라는 점에서 오컴의 윌리엄이 모티브라고도 하고, 배스커빌 출신이라고 해서 셜록 홈스가 모티브라고도 한다. 『배스커빌 가의 개』는 홈스 시리즈 중 하나이다. 이 영화의 초반부에 예수가 죽을 때 입은 옷이 예수의 재산인가 아닌가 논쟁이 나오는데, 재산을 인정하지 않는 프란치스코와 이를 반대한 당시 교황 간의 대립을 보여 준다.

이다."라는 말을 했다. 이 말은 후대에 "존재는 필요 이상으로 늘려서는 안 된다."라는 약간 더 멋있어 보이는 경구로 전해져 내려온다.

초자연적 존재 잘라내기

오컴의 면도날은 초자연적 존재를 제거한다. 귀신, 기(氣), 텔레파시, 윤회, 신 등이 그런 대상이다. 위 외계인 예처럼 초자연적 존재 없이도 자연 현상은 설명할 수 있기 때문이다. 물론 이 세상에는 아직도 설명하지 못하는 현상들이 많다. 그러나 그런 것들도 과학이 발전하면 초자연적 존재를 도입하지 않고서 언젠가 설명할 수 있다고 생각된다. 초자연적 존재를 끌어들이기에는 기존의 과학 체계에서 너무 많은 것의 변화를 가져와야 한다.

초자연적 존재를 가정하면 더 깔끔하게 설명할 수 있지 않느냐고 생각하는 사람들이 있을 것이다. 까짓것, 신이 있다고 하면 이 세상에서 일어나는 모든 일을 설명할 수 있지 않은가? 신이 마음먹어서 비도 내리게 하고 신이 시켜서 전쟁도 일어나고…. 그러나 이론이라는 것은 경제성도 있어야 하지만, 입증 가능성이나 일관성(☞16장)

따위의 여러 가지 조건을 만족해야 한다. 9장에서 말한 반성적 평형도 잘 지켜야 한다. 신에 의한 설명은 너무 단순해서 그런 조건을 만족하지 못한다. 날아다니는 스파게티 괴물을 믿는 종교가 있다. 짐작하겠지만 패러디 종교이다. 신이 이 세상을 만들고 비를 내리게 한다는 설명이나 날아다니는 스파게티 괴물이 비를 내리게 한다는 설명이나 설명력은 거기서 거기다. 전자가 믿는 사람이 더 많겠지만 (날아다니는 스파게티 괴물도 패러디가 아니라 진지하게 믿는 신자가 생겼다고 한다) 믿는다고 해서 존재하는 것은 아니다.

오컴의 빗자루

오컴의 면도날을 빗댄 용어로 '오컴의 빗자루'라는 것이 있다. 2002년에 노벨상을 받은 분자 생물학자 브레너가 만든 말이라 '브레너의 빗자루'라고도 한다. 게으른 사람에게 청소를 시키면 쓰레기를 카펫 밑에 쓸어 넣어 두는 일이 생긴다. 오컴의 빗자루는 지적으로 성실하지 않은 사람이 불편한 진실을 감추어 놓는다는 뜻이다. 신을 가정해서 설명할 때 설명하지 못하는 난감한 것들이 수두룩한데 이를 외면한다는 것이다. "아니면 말고"의 태도를 보이는 음모론자도 이 오컴의 빗자루를 휘두르는 사람이다.

> [꿀팁] 만화가 굽시니스트는 '브레너의 빗자루'를 약간 긍정적으로 이해한다. 결과에 도달하기 위한 수많은 검증과 이론 수립의 과정은 너무 힘들고 지루하니 일단 빗자루로 카페트 밑으로 쓸어 놓고 과감하게 아이디어를 지른다고 말이다. "번득이는 아이디어를 일단 저질러보는 과단성"이라고 한다.

심신 문제와 오컴의 면도날

귀신이나 기와 달리 정신은 초자연적 현상이라고 생각하지는 않는다. 그러나 정신과 육체의 관계를 묻는 철학적 문제인 심신 문제(mind-body problem)에서 정신은 끊임없이 오컴의 면도날의 위협을 받아왔다. 정신은 눈에 보이지 않는다. 그래서 상식은 정신이 육체와 분리된 어떤 것이라고 생각하는데, 정신이 육체와 별개라고 생각한 철학자들도 정신이 육체와 어떤 관계를 갖는지에 대해 여러 가지 이론들을 제시해 왔다.

데카르트는 정신과 육체는 별개의 실체이면서 상호 작용한다고 주장했다. 두려움이라는 정신적 사건이 있으면 가슴이 빨리 뛴다는 육체적 사건이 생기고, 거꾸로 손이 뜨거운 것을 만지는 육체적 사건이 있으면 괴로움이라는 정신적 사건이 생긴다. 그러나 이러한 상호 작용론의 치명적인 문제는 공간을 차지하지 않는 정신이 어떻게 해서 공간을 차지하는 육체에 영향을 끼치는지 설명을 할 수 없다는 것이다. 생각만으로 물건을 움직인다는 염력(사이코키네시스)이 사기인 것처럼, 정신이 육체에 영향을 끼치는 현상도 설명이 안 되는 것이다.

> [꿀팁] 데카르트는 상호 작용에 대한 비판을 받자 정신과 육체는 솔방울선(좌우 대뇌 반구 사이 셋째 뇌실의 뒷부분에 있는 솔방울 모양의 내분비 기관. 예전에는 송과선이라고 했다.)에서 만난다고 말했다. 그러나 솔방울선은 육체인데 거기서 만나면 정신도 육체가 돼 버리는 문제가 생긴다.

평행론과 부수 현상론

심신 관계에 관해 그 후 등장한 이론으로 평행론과 부수 현상론이 있다. 평행론은 정신적 사건과 육체적 사건 사이에 어떤 인과 관계가 없고, 정신적 사건은 정신적 사건들끼리, 육체적 사건은 육체적 사건들끼리 인과 관계가 성립한다는 이론이다. 그러니까 육체적 사건들끼리 인과 관계가 일어날 때 거기에 해당하는 정신적 사건들도 평행하게 인과 관계가 일어난다는 것이다. 부수 현상론은 육체적 사건은 정신적 사건을 일으키지만 거꾸로 정신적 사건은 육체적 사건의 원인이 되지 못한다는 이론이다. 정신적 사건은 육체적 사건이 있으면 거기에 부수적으로 나타나는 현상일 뿐 이 세상에서 아무런 역할도 하지 못한다.

오컴의 면도날이 여기서 작동을 한다. 근대 과학의 기본 전제는 물질적 사건의 원인을 설명하기 위해 물질세계 밖으로 나갈 필요가 없다는 것이다. 육체적 사건들끼리의 인과 관계로 충분한데 왜 그

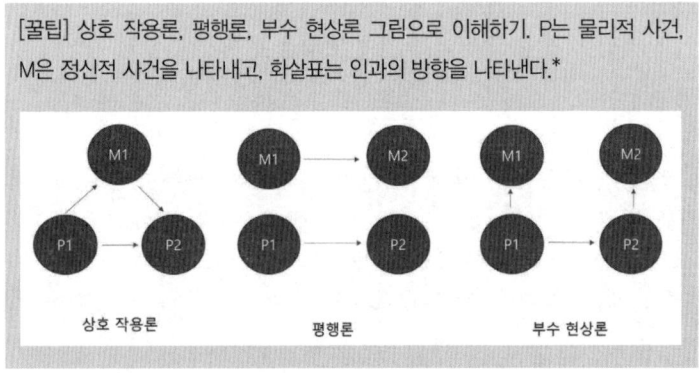

[꿀팁] 상호 작용론, 평행론, 부수 현상론 그림으로 이해하기. P는 물리적 사건, M은 정신적 사건을 나타내고, 화살표는 인과의 방향을 나타낸다.*

것과 평행하게 정신적 사건의 인과 관계가 있다고 가정해야 할까? 평행론 아웃! 부수 현상은 이 세상에서 아무 일도 하지 못한다. 그런 게 존재할 필요가 있는가? 부수 현상론 아웃! 부수 현상인 정신은 마치 물체에 따라다니는 그림자와 비슷하다. 그러나 그림자는 그늘이라도 만드는 일을 한다. 정신은 그런 일도 못한다.

면도날 적당하게 쓰기

그러나 면도날을 너무 휘둘렀다가는 있어야 하는 존재마저 잘라 버리는 위험에 빠질 수 있다. 20세기 초반에 행동주의라는 심신 이론이 유행했다. 우리의 정신을 특정한 방식으로 행동하려는 성향으로 설명하는 이론이다. 가령 뜨거운 것을 만졌을 때 느끼는 괴로움은 손을 재빨리 빼고 몸을 움츠리는 행동과 동일하다고 말하는 것이다. 그러나 행동주의는 그리 오래가지 못했다. 우리의 복잡미묘한 정신을 모두 행동으로 설명하기 어렵기 때문이다. 예컨대 내가 여행을 가고 싶다는 마음을 어떤 행동으로 설명할까? 여행 블로그를 검색하는 행동으로? 더 중요하게는 현대에 들어 신경 과학이 발달하여 행동보다 특정한 뇌의 기능으로 정신을 설명하는 것이 가능해진 것이 행동주의가 쇠퇴하게 된 큰 이유이다. 오컴의 면도날로 정신마저 잘라내 버리는 것은 과잉이다. 정신은 특정 뇌의 기능과 동일하다고 보면 되는 것이다. 물론 행동주의 이후 정신을 잘라내 버리는 또 다른 이론이 없는 것은 아니다. 지지자가 많지는 않지만 제거주의가 그것이다.

경제성 있는 형벌

오컴의 면도날은 형벌을 정당화하는 윤리학에서도 적용된다. 이탈리아의 법학자인 베카리아의 『범죄와 형벌』은 공리주의적 형벌 이론의 선구적 작업으로 인정받는다. 그는 형벌이 가하는 손해는 범죄로 얻을 이득보다 조금이라도 크기만 하면 달성된다고 주장한다. 경제성의 원리에 따르면 그것을 넘어서는 처벌은 불필요하고, 그러므로 정의롭지 못하다는 것이다.**

> [꿀팁] 영국에는 Ockham Razor라는 면도날 브랜드가 실제로 있다. 이 회사는 디자인에서 미니멀리스트, 곧 경제성을 추구한다고 한다. 홍보 문구가 "아름다운 단순한 면도날"(a beautiful simple razor)이다.

철학 익힘

* 상호 작용론, 평행론, 부수 현상론을 설명한 지문이 2014 수능 국어 영역 19~22번 문제로 출제된 적이 있다.
** 베카리아의 형벌론을 다룬 지문도 2022 수능 6월 모의고사 국어 10~13번 문제로 출제된 적이 있다.

문제. 다음 글의 ㉠으로 가장 적절한 것은?

A: 요즘 자연과학이 발전함에 따라 뇌과학을 통해 인간에 대해 탐구하려는 시도가 유행하고 있지만, 나는 인간의 본질은 뇌세포와 같은 물질이 아니라 영혼이라고 생각해. 어떤 물질도 존재하지 않지만 나 자신은 영혼 상태로 존재하는 세계를, 나는 상상할 수 있어. 따라서 나는 존재하지만 어떤 물질도 존재하지 않는 세계는 가능해. 나는 존재하지만 어떤 물질도 존재하지 않는 세계가 가능하다면, 나의 본질은 물질이 아니야. 따라서 나는 본질적으로 물질이 아니라고 할 수 있어. 나의 본질이 물질이 아니라면 무엇일까? 그것은 바로 영혼이지. 결국 물질적인 뇌세포를 탐구하는 뇌과학은 인간의 본질에 대해 알려 줄 수 없어.

B: 너는 ㉠<u>잘못된 생각</u>을 암묵적으로 전제하고 있어. 수학 명제를 한번 생각해 봐. 어떤 수학 명제가 참이라면 그 명제가 거짓이라는 것은 불가능해. 마찬가지로 어떤 수학 명제가 거짓이라면 그 명제가 참이라는 것도 불가능하지. 그럼 아직까지 증명되지 않아서 참인지 거짓인지 모르는 골

드바흐의 명제를 생각해 봐. 그 명제는 '2보다 큰 모든 짝수는 두 소수의 합이다.'라는 거야. 분명히 이 명제가 참인 세계를 상상할 수 있어. 물론 거짓인 세계도 상상할 수 있지. 그렇지만 이 수학 명제가 참인 세계와 거짓인 세계 중 하나는 분명히 가능하지 않아. 앞에서 말했듯이, 그 수학 명제가 참이라면 그것이 거짓이라는 것은 불가능하고, 그 수학 명제가 거짓이라면 그것이 참이라는 것은 불가능하기 때문이야.

① 인간의 본질은 영혼이거나 물질이다.
② 우리가 상상할 수 있는 모든 세계는 가능하다.
③ 우리가 상상할 수 없는 어떤 것도 참일 수 없다.
④ 물질이 인간의 본질이 아니라는 것은 상상할 수 없다.
⑤ 뇌과학이 다루는 문제와 수학이 다루는 문제는 동일하다.

(2016 PSAT 언어논리 17번)

A는 데카르트처럼 정신이 육체와 별개로 존재한다고 주장하는데, 그 정신을 '영혼'이라고 부르고 있다. 현대 철학자들은 심신 문제를 다루면서 정신 대신에 영혼이라는 개념은 잘 쓰지 않는다. 영혼은 종교적인 냄새가 많이 나서 합리적인 논의에서는 그 실체를 인정하기 어렵기 때문이다. 그러나 과거 철학자들은 그리고 일상에서는 여전히 영혼의 존재를 믿는 사람들이 많다. ('영혼 없는 리액션'이나 '영혼까지 끌어모으다'라는 속어에서 영혼은 좀 다른 뜻인 것 같다.) 어쨌든 A는 뇌 과학으로 설명할 수 없는 영혼이 있다고 믿는데, 그것은 물질 없이 영혼 상태로 존재하는 세계를 상상할 수 있기 때문

이다. 사실 이것이 데카르트가 정신과 육체는 별개라고 주장하는 논거이다. 육체 없는 정신은 상상 가능하므로 육체와 정신은 동일한 것이 아니라는 것이다.

그러나 상상 가능하다고 해서 모두 가능한 것은 아니다. 본문에서 말한 날아다니는 스파게티 괴물이 그것을 잘 보여 준다. 우리는 그것을 얼마든지 상상할 수 있지만, 그렇다고 해서 그것이 있는 세계가 가능한 것은 아니다. B는 이것을 좀 더 엄밀한 논증으로 보여 준다. 골드바흐의 명제가 참인 세계도 상상할 수 있고 거짓인 세계도 상상할 수 있는데, 만약 상상할 수 있는 세계가 모두 가능하다면 참인 세계나 거짓인 세계나 모두 가능해야 한다. 배중률에 어긋나는 이런 일은 있을 수 없다. 따라서 상상할 수 있는 모든 세계는 가능하다는 것이 잘못된 생각이다.

정답은 ②이다.

19. 애매어

애매어의 오류

하나의 낱말에 두 개 이상의 뜻이 있을 때 철학에서는 '애매하다'고 말한다. (국어학에서는 '중의적'이라는 말을 많이 쓰는 것 같다.) 논리학 교과서를 보면 다음과 같은 예가 나온다.

모든 썩은 것들은 먹을 수 없다.
저 사람은 썩었다.
따라서 저 사람은 먹을 수 없다.

첫 번째 전제의 '썩었다'는 화학적으로 부패했다는 뜻이고, 두 번째 전제의 '썩었다'는 정신적으로 부패했다는 뜻이다. 표기만 같지 그 뜻은 다른 것이니 애매한 말이다. 이런 애매어가 있는 논증을 '애매어의 오류'라고 부른다.

그러나 일상생활에서 이런 오류에 속아 넘어가는 사람들이 있을까? '썩었다'의 두 가지 뜻은 너무 거리가 멀기 때문에 애매어의 오류가 이런 것이라고 가르쳐 주는 교과서의 기능 외에는 별로 기능을 하지 못한다. 참, 아재 개그, 곧 말장난(pun)의 소재로 쓰기도 한다.

[꿀팁] 걸그룹 마마무의 데뷔곡은 2014년에 나온 'Mr. 애매모호'이다. 논리적인 애매모호를 노래한 것은 아니고, 상대 남자의 어정쩡한 태도를 지적한다. 반면에 2017년에 부른 '아재 개그'는 애매한 말에서 생긴 말장난이 소재이다. 가사가 이런 식이다. "바나나 먹으면 나한테 반하나 / 지금 너 불만 있냐 아니 물도 있어 / 너 어디야 지금 제주도야 / 내 맘을 흔든 너 재주도 좋아"

언제부터 인간인가?

우리가 주목해야 하는 애매어는 거의 비슷해 보이는데 잘 들여다보면 뜻이 다른 경우이다. '인간'이라는 말이 여러 가지라고 생각하는 사람은 별로 없을 것이다. 임신 중절 반대론자들은 다음과 같이 주장한다.

모든 인간은 생명에 대한 권리를 가지고 있다.
태아는 인간이다.
따라서 태아는 생명에 대한 권리를 가지고 있다.

생명에 대한 권리가 있는 태아를 죽이는 임신 중절은 그르다는 주장이다. 그러나 첫 번째 전제의 '인간'은 도덕적인 또는 법적인 의미에서의 인간이다. 그러나 두 번째 전제의 '인간'은 기껏해야 생물학적 인간이다. '기껏해야'라고 말한 것은 생명에 대한 권리를 가지는지는 합의되지 않았고, '잘해야' 생물학적으로 인간이기 때문이다.

임신 중절 반대론자들의 위 논증은 애매어의 오류를 저지르고 있다. 14장에서 배아 연구 반대 주장이 미끄러운 비탈길의 오류에 빠진다고 했는데, '인간'이라는 말이 모호하기 때문에 생기는 일이라고 말했다. 모호하다는 게 곧 애매하다는 말이다. 한편 두 번째 전제는 11장에서 말한 것으로 말해 보면 선결문제 요구의 오류를 저지르고 있기도 하다. 태아가 생명에 대한 권리를 가지고 있는지는 지금 논란의 대상인데, 두 번째 전제에서 태아가 인간이라고 함으로써 첫 번째 전제에서 생명에 대한 권리를 가지고 있다고 말한 모든 인간에 포함하고 있기 때문이다.

[꿀팁] 우리나라의 형법에서는 인간의 권리 능력은 진통설이 채택되고 있다. 곧 산모의 진통이 시작될 때부터 인간으로서의 형법으로서의 권리를 갖는다. 한편 민법에서는 전부 노출설을 채택한다. 따라서 진통 이전의 태아는 법적으로 인간이 아니다. 법이 그러하므로 태아는 인간이 아니라고 단언하는 것이 아니라, 태아가 인간임은 법에서도 인정이 안 되니 단순히 주장만 해서는 안 되고 근거를 갖추어 설득해야 한다는 뜻이다.

이타적 행동도 이기적 동기에서

인간의 본성이 이기적인가, 이타적인가 하는 논쟁은 철학에서도,

심리학에서도 오랜 논쟁이다. 이 중 인간의 어떤 행동도 결국에는 자기만족을 위해 하는 것이라는 주장이 있는데, 이런 주장을 '심리적 이기주의'라고 부른다. 우리는 이태석 신부처럼 의사로서 편안하고 부유한 삶을 살 수 있었지만 아프리카에서 빈민을 위해 봉사 활동을 한 분을 이타적이라고 말한다. 그러나 심리적 이기주의자는 그런 분도 결국은 자신의 만족과 이익을 위해 그런 일을 했다고 주장한다.*

심리적 이기주의가 옳은지 그른지 자체도 논란거리이긴 하다. 문제는 심리적 이기주의자가 인간의 모든 행동은 자기만족을 위해 하는 것이라는 주장으로부터, 그러므로 이타적이라고 생각되는 행동도 칭찬할 바가 없다는 결론을 이끌어 낸다는 데 있다. 이 논증을 다시 정리하면 이렇다.

  이타적이라고 생각되는 행동도 이기적이다.
  그러므로 모든 행동은 이기적이므로 칭찬할 필요가 없다.

여기서 전제의 '이기적'과 결론의 '이기적'은 다른 뜻으로 쓰였다. 곧 애매어이다. 전제의 '이기적'은 자신의 이익을 위해 행동한다는 뜻으로 그냥 사실을 말할 뿐이다. 여기에는 평가적인 뜻이 들어 있지 않은데, 철학자들은 이것을 '기술적(記述的)'이라고 부른다. ('기술 들어간다'의 기술[技術]이 아니다.) 그러나 결론의 '이기적'은 자신의 욕심만 채운다는 비난의 의미가 들어 있다. 곧 '평가적'인 표현이다. 전제는 논란은 되지만 인정할 수 있다. 이태석 신부도 남을 도우면 본인도 기뻤을 테니까. 그러나 결론에서처럼 '이기적'이라고 비난할 때는 남에게 아무 도움도 안 되고 본인의 욕심만 채울 때 쓰는 말이다. 이태석 신부의 행동이 어디 그런가?

[꿀팁] 이태석 신부의 헌신적인 행동까지 포함해서 인간의 모든 행동은 이기적이라는 심리적 이기주의자의 주장은 아무도 반박할 수 없는 종류의 발언이다. 어떤 행동도 그것은 자기만족을 위해 했다고 말할 테니까. 이런 것은 하나 마나 한 주장이다. 철학자 포퍼가 반박 불가능한 주장은 과학적 언명이 아니라고 했는데, 심리적 이기주의는 거기에 속한다.

필연에 의한 신 존재 증명

이번에는 좀 더 어려운 예를 들어 보자. (어려우면 다음 예로 넘어가도 된다. 그러나 그것도…) 아퀴나스는 『신학대전』에서 다섯 가지 신 존재 증명을 한다. 그중 세 번째 증명을 보자. (그는 각 증명을 '길'이라고 부른다. 그러니까 '세 번째 길'이다.)

셋째 길은 가능과 필연에서 취해진 것이다. 즉 우리는 사물 세계에서 존재할 수도 있고 존재하지 않을 수도 있는 것들을 발견한다. 그런 것들은 생성, 소멸하며 따라서 존재하며 존재하지 않는 것으로 나타난다. 그런데 이렇게 존재하는 모든 것은 항상 존재할 수 없으며 어떤 때는 없는 것이다. 따라서 모든 것이 존재하지 않을 수 있다면 어떤 때에는 사물계에 아무것도 없었을 것이다. 그런데 이것이 진(眞)이라면 지금도 아무것도 없을 것이다. 그 이유는 없는 것은 있는 어떤 것에 의해서가 아니면 존재하는 것을 시작하지 못하기 때문이다. 그러므로 만일 어떠한 존재도 없었다면 어떤 것도 존재하기를 시작하지 못했을 것이며 지금까지 아무것도 없을 것이다. 이것은 명백히 허위다. … 따라서 우리는 자기 필연성의 원인을 다른 데에 갖지 않고 다른 것들에게 필연성의 원인이 되는 어떤 것, 즉 그 자체로 필연적인 어떤 것을 인정할 필요가 있다. (아퀴나스,『신학대전』, 정의채 옮김, S. th. I, q. 2, a. 3, corp.)

흠, 좀 어렵다. 쉽게 말해 보자. 이 세상에 우연한 것들('우연'이 위 인용문에서는 '가능'으로 번역되어 있다)만 있다면 어떤 때에는 이 세상에 아무것도 없었을 것이다. 그런데 아무것도 없다면 이 세상은 시작하지 못했을 것이므로 무엇인가가 있어야 한다. 이 무엇인가는 우연적인 것이면 안 되고 필연적인 것이어야 한다. 그것은 신이다.

문제는 "이렇게 존재하는 모든 것은 항상 존재할 수 없으며 어떤 때는 없는 것이다. 따라서 모든 것이 존재하지 않을 수 있다면 어떤 때에는 사물계에 아무것도 없었을 것이다."라고 말한 대목이다. 존재하는 모든 것은 존재하지 않은 때가 있었다. 아퀴나스는 이로부터 모든 것이 존재하지 않은 때가 있다는 결론을 도출한다. 이게 도출되는가?

모두의 어머니?

'존재하지 않는다'라는 부정적인 개념으로 말하니 이해가 어려울 수 있다. 쉬운 긍정 개념으로 바꿔보자. "모든 사람은 어머니가 있다. 따라서 모두의 어머니가 있다." 이 도출이 납득이 되는가? 누구나 각자의 어머니가 있지만, 그로부터 모두의 공통의 어머니는 있다는 것이 나오는가? 모두의 어머니인 성모 마리아를 받아들이는 종교가 아니라면 인정하지 않을 것이다. 이런 오류를 '합성의 오류'라고 부른다. 각 개체에 적용되는 말을 개체가 합한 전체에 적용된다고 애매하게 해석하기 때문에 생긴 것이다. (그 반대는 '분해의 오류'라고 한다. '합성의 오류'나 '분해의 오류' 모두 애매어의 오류 중 하나이다.) 우연적인 것들 각각이 존재하지 않은 때가 있다고 해서 모든 것이 존재하지 않은 때가 있다고 말하는 아퀴나스의 논증도 마찬가지로 합성의 오류를 저지르고 있다.

[꿀팁] 이솝 우화 중 다음과 같은 이야기가 있다. 싸움만 하는 형제들에게 아버지가 나뭇가지 하나씩을 부러뜨려 보라고 한다. 쉽게 부러진다. 이번에는 나뭇단을 부러뜨려 보라고 한다. 부러지지 않는다. 아버지는 그렇게 형제끼리 싸우지 말고 한마음이 되어 똘똘 뭉쳐야 한다고 말한다. 만약 나뭇가지 하나가 쉽게 부러지니 나뭇단도 쉽게 부러진다고 생각한다면 합성의 오류를 저지른다. 만약 그 반대로 나뭇단을 쉽게 부러뜨릴 수 없으니 나뭇가지 하나도 쉽게 부러뜨릴 수 없다고 생각한다면 분해의 오류를 저지르게 된다.

애매한 주장 톺아보기

애매어는 꼭 단어 차원에서만 말하는 것은 아니다. 문장이 두 가지 이상으로 해석되는 것도 애매한 것이다. 철학에서 애매어는 꼭 상대방의 논증이 애매어의 오류를 저지른다고 지적하기 위해서만 쓰는 것은 아니다. 그것보다는 특정 주장이 몇 가지로 해석될 수 있다고 지적하는 경우가 아주 흔하다. 이렇게 해석하면 이런 결과가 나오고, 저렇게 해석하면 저런 결과가 나온다는 식으로 말이다. '톺다'라는 우리말은 본디 삼을 삼을 때 거칠고 고르지 못한 부분을 톱으로 훑어 내서 가늘고 고른 섬유질만 남기는 것을 말한다. '톺다'는 이런 말밑 때문에 샅샅이 뒤지면서 찾다는 뜻으로 쓰인다. 철학자들이 어떤 주장이 애매하다면서 분석하는 일이 이런 '톺아보기' 작업이다. 그런 톺아보기 예로 지금까지 나온 논증들이 총 동원되는 예를 보자.

운명론은 일어나는 일은 그렇게 되도록 정해져 있다는 주장이다. 우리나라의 '팔자(八字)'라는 개념도 운명론을 담고 있다. 노래 제목으로 잘 알려진 '케 세라 세라'(Que sera, sera)라는 에스파냐어도 "어차피 일어날 일은 일어난다."는 뜻으로 운명론을 말하고 있다. 운명론을 지지하는 다음과 같은 논증이 있다.

> 내일 비가 온다고 해 보자. 내일 비가 온다는 것이 참이면, 비가 오지 않는다는 것은 거짓이며, 따라서 내일 비가 온다는 것은 반드시 참이다. (쉽게 말해 내일 비가 온다면 어떻게 해도 비가 온다.)

거꾸로 내일 비가 오지 않는다는 것이 참이면, 비가 온다는 것은 거짓이며, 따라서 내일 비가 오지 않는다는 것은 반드시 참이다. (쉽게 말해 내일 비가 오지 않는다면 어떻게 해도 비가 오지 않는다.)

내일 비가 오는 일뿐만 아니라 모든 일에 이런 논증을 적용할 수 있으니, 일어나는 일은 반드시, 불가피하게 그렇게 일어난다.

> [꿀팁] 운명론이 17장에서 말한 결정론과 같은 주장인지는 철학에서 중요한 논란거리이다. 2016년에 발매된 걸그룹 러블리즈의 미니 2집의 타이틀곡은 'Destiny(나의 지구)'이다. 제목은 데스티니, 곧 운명인데, 가사는 지구와 달의 운행을 노래하고 있다. 가령 "너는 내 Destiny / 고개를 돌릴 수가 없어 난 너만 보잖아"라는 가사가 반복되는데, 지구에서는 달의 한쪽만을 볼 수밖에 없는 천체 현상을 짝사랑에 비유하고 있다. 그러나 천체의 운행은 운명론보다는 결정론의 영역인 것 같다. 이 노래의 작사자가 운명론과 결정론을 헷갈렸다고 말하는 것이 아니라, 그 둘은 구분하기 어렵다고 말하는 것이다. 결정론은 곧 운명론이라고 주장하는 철학자도 있다.

이 논증의 구조를 분석해 보자.

내일 비가 온다는 것이 참이면, 반드시 내일 비가 온다.
내일 비가 오지 않는다는 것이 참이면, 반드시 내일 비가 오지 않는다는 것은 참이다.
내일 비가 온다는 것이 참이거나 내일 비가 오지 않는다는 것이 참이다.
따라서 반드시 내일 비가 오거나 반드시 내일 비가 오지 않는다.

17장에서 딜레마 논증을 소개했으니, 이 논증은 딜레마, 그중 구성적 딜레마라는 것을 알 것이다. 그러나 형식으로만 그렇다. 딜레마 논증의 결론은 참이어야 하는데, 이 논증의 결론은 참이 아니다. "반드시 내일 비가 온다"의 모순 명제는 "반드시 내일 비가 오지 않는다."가 아니라 "반드시 내일 비가 오는 것은 아니다."이기 때문이다. 전제의 어딘가에서 잘못이 있어서 그럴 것이다. 첫 번째 전제가 참인가 보자. 완벽한 딜레마 논증이라고 한다면 뿔 꺾기를 해보자는 거다. 철학자들은 이 전제가 다양하게 해석된다고 '톺아본다'. 첫 번째 전제는 다음과 같이 두 가지로 해석되는 애매어이다.

(a) "내일 비가 온다는 것이 참이면, 내일 비가 온다."는 것은 반드시 참이다.
(b) 내일 비가 온다면, "내일 비가 온다."는 것은 반드시 참이다.
(필연성을 표시하는 논리학 기호로 쓰면 명확한데 그렇지 못하니 '반드시 참'이 수식하는 부분을 따옴표로 처리했다.)

먼저 첫 번째 전제가 (마찬가지로 두 번째 전제도) (a)라고 해석된다고 해 보자. 그러면 첫 번째 전제는 (그리고 두 번째 전제도) 참이기는 하다. 그러나 이렇게 해석된 첫 번째 전제로부터 (그리고 두 번째 전제로부터도) 결론이 도출되지 않는다. 구성적 딜레마의 형식에 맞지 않기 때문이다. 반면에 (b)라고 해석된다고 해 보자. 그러면 결론은 도출되기는 한다. 그러나 (b) 자체가 운명론이다. 이것은 역시 11장에서 말한 선결문제 요구의 오류이다. 운명론을 증명하기 위해 운명론을 가정했으니 말이다. 앞서 공부한 것을 적용해 보니 재밌지 아니한가?

철학 익힘

* 2012 MEET/DEET 언어추론 20~22번에는 심리적 이기주의와 윤리적 이기주의를 소개하는 지문이 출제되었다. 심리적 이기주의는 우리가 언제나 자신의 이익을 추구한다고 주장하는 이론이지만, 윤리적 이기주의는 우리가 실제로 자기 이익을 추구하든 안 하든 각 개인들은 오로지 자신의 이익만을 추구해야 한다고 주장하는 이론이다.

문제. 다음 글의 논증에 대한 분석으로 적절한 것만을 〈보기〉에서 모두 고르면?

인간 복제 반대론자는 인간을 복제하는 것이 비자연적이며 따라서 도덕적으로 옳지 못하다고 말한다. 그러나 이러한 입장을 취하기 위해서는 인간을 복제하는 행위가 비자연적인 이유와 비자연적인 행위가 도덕적으로 옳지 못한 이유를 설명해야 한다.

어떤 의미에서 인간을 복제하는 행위가 비자연적인가? 첫 번째 답변은 인간 복제가 자연법칙을 위반한다는 것이다. 그러나 이와 같이 해석함으로써 인간 복제에 대한 반대 입장을 취할 수는 없다. 자연법칙을 위반한다는 것이 인간 복제에 대한 반론이 될 수 있다는 것은 자연법칙을 위반하는 행위를 하지 말아야 한다는 의미이다. 그러나 자연법칙은 인간에 의해 만들어진 법칙과는 달리 의무를 부과하고 있지 않다. 따라서 그것을 위반하는 것도 불가능하다.

그렇다면 어떤 해석이 가능한가? 그 대안으로 '인위적'이라는 해석을 고려할 수 있다. 인간의 손에 의해 계획되고 통제된 것은 자연적이지 않다는 관점에서, 인간을 복제하는 것은 인위적이며 그런 의미로 비자연적이라는 것이다. 이렇게 해석한다면, 첫 번째 해석이 안고 있는 문제점은 사라진다. 그러나 이렇게 해석하더라도 비자연적 행위가 그 자체로 옳지 않다고 할 수 있는가 하는 문제는 여전히 남는다. 모든 인위적인 행위가 옳지 않다고 볼 수는 없기 때문이다.

비자연적이라는 것을 '생물학적으로 비자연적'이라는 의미로 해석하는 방법도 있을 수 있다. 정자를 제공한 측과 동일한 유전자를 가진 후세가 태어나는 일은 자연에서는 발생하지 않는다. 그러나 과연 그로부터 인간을 복제하는 것이 도덕적으로 옳지 않다는 결론이 도출되는가? 인간 복제를 반대하는 논증에서, "인간을 복제하는 일이 자연에서는 발생하지 않는다."는 것은 사실을 기술하는 전제인 반면에, "인간을 복제해선 안 된다."는 것은 윤리적 당위를 주장하는 결론이다. 하지만 타당한 논증의 결론이 윤리적 주장이라면 그 결론을 지지하는 전제도 윤리적인 성격을 띠어야 한다. 따라서 비자연적이라는 데 의존해서는 인간 복제에 대한 반대 논거를 마련할 수 없다.

〈보기〉

ㄱ. "증언할 때 진실을 말해야 한다."는 것은 위반 가능하지만, "공기는 열을 받으면 팽창한다."는 것은 위반 가능하지 않다는 사례는 위 논증을 강화한다.

ㄴ. "수술을 하는 행위는 인위적이지만 그 행위가 그 자체로 옳지 않다고 볼 수 없다."는 진술은 위 논증을 강화한다.

ㄷ. 위 논증에 따르면, 많은 사람들이 집단 따돌림 행위를 싫어한다는 사

실이 집단 따돌림 행위가 도덕적으로 옳지 않다는 결론을 정당화해 준다.

① ㄱ
② ㄷ
③ ㄱ, ㄴ
④ ㄴ, ㄷ
⑤ ㄱ, ㄴ, ㄷ

(2014 PSAT 언어논리 36번)

인간 복제를 비롯한 새로운 생명 의료 기술에 대해 자연스럽지 못하다는 이유로 비판하는 경우가 많다. 위 지문은 '비자연적'이라는 개념을 톺아보는 방식으로 그 비판이 정당한지 따져 본다. 가장 먼저 '비자연적'이라는 것은 '자연법칙을 위반한다'는 뜻일 수 있다. 그러나 자연법칙은 인간이 만든 법칙과 달리 위반하고 말고의 성격이 아니다. 물은 위에서 아래로 흐르는 것이 자연법칙이지만 우리가 인위적으로 (분수처럼) 아래에서 위로 흐르게 만든다고 해서 그게 자연법칙을 위반하는 것은 아니지 않는가? 두 번째로 '인위적'이라는 뜻일 수 있다. 그러나 인위적인 행위라고 해서 옳지 않은가? 우리는 회를 싸게 많이 먹기 위해 양식을 하고 자연스레 태어난 외모를 성형도 하지만 그런 '인위적' 행위를 옳지 않다고 비난하지는 않는다. 세 번째로 '생물학적으로 비자연적'이라는 뜻으로 볼 수 있다. 자연에서는 발생하지 않는다는 말이다. 그러나 "인간을 복제하는 일이 자연에서는 발생하지 않는다."라는 사실 기술 전제에서 "인간을 복제해선 안 된다."라는 윤리적 당위를 주장하는 결론을 도출할 수 없다고 말한다. 이것을 철학자들은 '자연주의의 오류'라고 부르는데, 다음 장에서 좀 더 자세히 설명하겠다. '비자연적'이라는 말을 어떻게 분석해 보아도 그것을 근거로 삼아 인간 복제를 비판할 수 없다는 것이 위 지문의 결론이다.

ㄱ. 첫 번째 해석에 따르면 '위반'은 자연법칙에는 가능하지 않고 인간이 만든 법칙에만 가능하다. 따라서 "증언할 때 진실을 말해야 한다."라는 인간이 만든 법칙은 위반 가능하지만, "공기는 열을 받으면 팽창한다."라는 자연법칙은 위반 가능하지 않다는 사례가 위 논증을 강화한다는 진술은 적절하다.

ㄴ. 두 번째 해석에 따르면 수술하는 행위는 인위적이지만 우리는 그것을 옳지 않다고 말하지 않는다. 따라서 "수술을 하는 행위는 인위적이지만 그 행위가 그 자체로 옳지 않다고 볼 수 없다."라는 진술이 위 논증을 강화한다는 진술은 적절하다.

ㄷ. 많은 사람들이 집단 따돌림 행위를 싫어한다는 것은 사실을 기술한다. "많은 사람들이 집단 따돌림 행위를 싫어한다."는 것이 사실인지 규범인지 논란이 될 수 있으므로 '…는 사실'이라고 명토박아 놓았다. 어쨌든 그것으로부터 그것이 옳지 않다는 윤리적 당위를 도출하는 것은 세 번째 해석에서 말한 자연주의의 오류이다. 따라서 사실 전제가 당위 결론을 '정당화해 준다'는 것은 적절하지 않다.

정답은 ③이다. 참고로 2009 LEET 추리논증 10번 문항도 '자연적'이라는 말을 톺아보는 지문인데, 위 문항보다는 다소 쉽다.

20. 최선의 설명으로의 추론

땅이 젖었으니 비가 왔을까?

다음 논증은 좋은 논증인가?

> 비가 오면 땅이 젖는다. 땅이 젖었다. 그러므로 비가 왔을 것이다.

논리학에서는 이것을 '후건 긍정의 오류'라고 부른다. 오류니까 나쁜 논증이다. 다음과 같은 논증은 '전건 긍정식'이라고 훌륭한 연역 논증이다.

> P이면 Q이다. P이다. 따라서 Q이다.

그러나 다음과 같은 논증은 후건 긍정의 오류이다.

P이면 Q이다. Q이다. 따라서 P이다.

Q는 P이기 위한 충분조건이 아니라 필요조건일 뿐이다. 그러므로 Q라고 해서 꼭 P가 도출되는 것은 아니다. 맨 처음의 예로 말해 보면 비가 오지 않고 땅이 젖게 되는 일은 얼마든지 있다. 드라마 촬영한다고 물을 뿌렸을 수도 있기 때문이다. 소화전이 터져서 젖어 있을 수도 있지 않은가?

그렇게 나쁜 논증인가?

이렇게 논리학을 배운 사람이라면 누군가가 위와 같은 논증을 하면 "그건 오류야!"라고 핀잔을 줄지 모른다. 그러나 저 논증이 그렇게 잘못인가? 다른 이유로 땅이 젖어 있을 수도 있겠지만 비가 왔다고 생각하는 게 가장 그럴듯하지 않은가?

철학자들은 위와 같은 논증에 '최선의 설명으로의 추론'(inference to the best explanation)이라는 이름을 붙인다. 지금 땅이 젖어 있다는 현상을 두고 경쟁하는 가설들이 있다. '비가 왔다'는 가설도 있고, '드라마 촬영한다고 물을 뿌렸다'는 가설도 있고, '수도관이 터져서 땅이 젖었다'는 가설도 있고, '외계인이 UFO에서 물을 뿌렸다'는 가설도 있다. 이 중 첫 번째 가설로 설명하는 것이 최선이다. 물론 그 설명이 틀렸을 수도 있다. 최선의 설명으로의 추론은 귀납 논증

(☞21장)이고, '후건 긍정의 오류'라고까지 불리니 결론이 틀릴 가능성이 있다. 그러나 다른 경쟁 가설보다는 거짓일 가능성은 가장 적지 않은가?

최선의 설명이라고 추론할 때는 거짓일 가능성을 줄이기 위해 일관성(☞16장)이나 완전성이나 설명력이나 단순성(☞19장) 같은 판단 기준을 동원한다. 다른 가설보다 첫 번째 가설이 우리의 상식과 일치한다. 다른 가설은 일어날 가능성이 작다. 그리고 비가 온다는 일기 예보를 들었거나 창밖으로 날이 흐린 것을 봤다면 첫 번째 가설이 최선일 가능성은 더욱 커진다. 외계인 가설을 받아들이기에는 오컴의 면도날에서 말한 것처럼 이 세상에 불필요하게 가정할 것이 늘어난다.

최선의 설명으로의 추론은 '귀추'라고도 부른다. '가설 추리'를 줄여서 '가추'라고 부르기도 한다.

[꿀팁] 귀추는 영어로 'abduction'이라고 한다. 우리말에서도 '귀추'는 철학자나 쓰는 전문 용어이지만, 영어에서도 그렇다. 영어 화자는 일상에서 abduction을 들으면 '유괴'나 '납치'(특히 외계인에 의한 납치)를 떠올린다. 미국의 철학자 퍼스가 처음으로 abduction을 '귀추'의 의미로 썼다. 숲속에서 누군가가 팔다리가 묶여 죽어 있는 채로 발견됐다. 납치되어 죽었다고 설명하는 것이 최선이기에 이런 말을 붙였을까? 피트니스를 하는 사람들은 abduction을 잘 안다. 팔이나 다리를 몸 바깥쪽으로 움직이는 운동을 뜻한다.

과학자의 최선의 설명으로의 추론

최선의 설명으로의 추론은 앞서 말한 비 추론처럼 일상생활에서 많이 쓰지만, 과학에서도 아주 흔하게 쓴다. 1695년에 영국의 천문학자 핼리는 혜성(꼬리별)을 관찰했다. 혜성의 등장은 여러 가설로 설명이 가능하다. 불길한 징조를 예고한다든가, 포도주의 생산을 좋게 한다든가. 그러나 핼리는 뉴턴의 역학이 혜성의 등장을 가장 잘 설명해 준다고 생각했다. 그는 이전의 관찰 자료도 검토하여 혜성이 타원형 궤도를 그리고 규칙성을 보이며 나타난다는 것을 알았다. 그래서 1758년에 혜성이 다시 나타나리라 예측했는데 그 예측은 맞았다. 이런 과정을 통해 뉴턴 역학은 최선의 설명을 하는 가설로 받아들여지고 확증된 것이다. 이 혜성은 핼리의 이름을 따서 '핼리 혜성'이라고 부른다.

> [꿀팁] '혜성 빈티지'라는 말이 있을 정도로 혜성이 나타난 해의 포도주의 질이 좋다고 한다. 예를 들어 1811, 1826, 1839, 1845, 1852, 1858, 1861, 1985, 1989년이 그렇다고 한다.

철학자의 최선의 설명으로의 추론

최선의 설명으로의 추론은 철학에서도 많이 쓰인다. 결정론과 자유 의지는 18장에서 한 번 거론한 주제이다. 거기서는 결정론이 성립해도 성립하지 않아도 자유 의지가 없게 된다는 딜레마에 빠진다고만 말했고, 결정론이 왜 성립하는지 또는 성립하지 않는지는 말하지 않았다. 이제 그걸 말해 볼 텐데, 거기에 최선의 설명으로의 추론이 끼어든다.

결정론은 이 세상의 모든 일이 앞선 원인에 의해 결정된다는 주장이었다. 반대로 비결정론은 인과적으로 결정되는 사건들도 있겠지만, 적어도 사람의 행동은 앞선 원인에 의해 결정되지 않는다고 주장한다. 한편 인간에게는 자유 의지가 있다는 것을 부인하는 사람은 없다. 자유 의지가 없다면 인간이 한 행동을 칭찬할 수도 없고 처벌할 수도 없다. 자유롭게 한 행동이 아닌데 어떻게 칭찬하고 처벌하겠는가? 이 주제에는 최선의 설명으로의 추론이 여러 번 개입된다. 자유 의지는 눈으로 보이지 않기 때문에 있다는 것을 입증하기 어렵다. 그런 것이 있다는 느낌, 곧 직관(☞4장)으로만 입증할 수 있을 것 같다. 그러나 최선의 설명으로의 추론으로 입증 가능하다. 자유 의지가 있다는 가설이 없다는 가설보다 인간이 한 행동을 칭찬하고 처벌할 수 있다는 현상을 잘 설명해 준다고 말이다. 그러나 자유 의지가 없다는 경쟁 가설도 그런 현상을 잘 설명해 줄 수 있다면 이야기가 달라진다. 개가 사람을 물면 격리하거나 최악의 경우 안락사시킨다. 이것은 개를 처벌하는 행위이다. 개는 자유 의지가 없는데 왜 처벌하는가? 또다시 사람을 물지도 못하도록 하기 위해서일 것이다. 마찬가지로 사람에게 자유 의지가 없더라도 같은 행동을 저지르지 못하도록 격리하는 처벌을 한다는 설명이 가능하다.

결정론 vs 비결정론

당연하게 있다고 생각되는 자유 의지도 과연 있는지 논란이지만, 다음 논의를 위해 자유 의지가 있다고 가정해 보자. 결정론과 비결정론도 관찰이나 실험으로 입증될 수 없는 성격의 것이니 가설이다. 결정론과 비결정론 중 어느 쪽 가설이 더 옳을까? 그것은 어느 쪽이 자유 의지를 더 잘 설명해 주느냐를 가지고 판단할 수밖에 없다. 결정론에 따르면 이 세상의 모든 사건은 원인이 있으니, 여러분이 이 글을 읽은 원인이 있을 것이다. 도서관에서 우연히 책을 펼쳐서? 철학에 관심이 있어서? 최훈의 명성을 듣고? 어떤 원인이 됐든 그 원인에도 또 원인이 있을 것이다. 이렇게 원인의 원인을 거슬러 올라가다 보면, 여러분이 태어나기 전까지 원인이 있게 된다. 태어나기 전의 사건이 원인이 되어 이 글을 읽게 된 것이다. 이러면 자유 의지로 이 글을 읽었다고 말할 수 없다. 태어나기 전의 사건은 내가 책임질 수 없으니까.

> [꿀팁] 당구대에서는 한 공이 원인이 되어 다른 공이 움직인다. 철학자 흄은 이 세상이 거대한 당구대라고 비유했다. 원인과 결과가 단순하고 분명하게 난무하는 곳이다.

그러면 결정론의 경쟁 가설인 비결정론에게 유리할까? 꼭 그렇지도 않다. 비결정론에 따르면 여러분이 이 글을 읽은 원인은 없다. 원인이 없다는 것은 '제멋대로' 읽었다는 뜻이다. 이것은 스스로의 자유로운 의지로 읽었다는 뜻은 아니다. 어쩌다 보니 '아무 생각 없이' 읽었다는 말이다. 비결정론도 자유 의지를 설명해 주지 못하는 것은 매한가지이다.

결정론과 자유 의지 논쟁에서 아직 어떤 게 최선의 설명인지 뾰족한 해결책이 없다. 어쨌든 철학자들도 과학자들처럼 최선의 설명을 하는 가설을 채택하려고 한다. 다만 I부의 '철학자의 생각법'에서 누누이 강조했듯이 철학자는 경험적 관찰과 실험을 하지 않으므로 가설을 통해 '예측'을 하지는 않는다. 예측한다면 그 예측이 들어맞는지를 보고 설명력을 확인할 수 있고, 그래서 경쟁 가설 중 하나를 채택할 수 있을 것이다. 그러나 철학에서 과학의 예측과 비슷한 일을 하는 것은 기껏해야 우리의 상식이나 직관과 잘 들어맞는지 보는 것인데, 이것도 안 들어맞으면, '철학자의 생각법'에서 보았지만, 상식이나 직관이 틀렸다고 해 버린다.

철학의 스캔들

유구한 철학사에서 결정론과 자유 의지 문제가 아직도 해결되지 않은 것을 보고 철학자들은 '철학의 스캔들'이라고 부른다. 철학의 스캔들은 더 있다. (여러 개가 있어서 스캔'들'이 아니다.) 이 책에서도 몇 번에 걸쳐 살펴본 회의론도 철학의 스캔들이라 말해진다. 철학자들은 자신의 감각으로 알게 된 세계를 '외부 세계'라고 부른다. 외부 세계라고 해서 지구 밖의 외계를 말하는 것이 아니라 내성(內省)이 아닌 감각으로 아는 모든 대상을 가리킨다. 곧 내 마음을 제외한 모든 것이 외부 세계이다. 몸뚱어리, 주변 사람들, 건물, 나무, … 이런 것들이 모두 외부 세계인 것이다.

우리는 외부 세계가 존재한다는 것을 의심하지 않는다. 반면에 회의론은 외부 세계에 대한 우리의 지식이 정당화되지 않는다는 주장이다. 8장에서 말한 것처럼 사실은 외부 세계가 없는데 전지전능한 악마가 있는 것처럼 속인 것일 수 있다. 전지전능한 악마의 현대적 버전은 통 속의 뇌이다. 이 세상에는 사실은 슈퍼컴퓨터와 통 속에 든 뇌밖에 없는데, 슈퍼컴퓨터가 뇌에 자극을 보내서 외부 세계가 있는 것처럼 조작한 것일 수 있다.

외부 세계 가설

회의론에 맞서 외부 세계가 존재한다는 주장을 '외부 세계 가설'이라고 해 보자. 회의론이 쉽게 반박되지 않는 것은 우리의 상식과 달리 외부 세계 가설이 회의론 가설보다 더 경쟁력 있다고 말할 수 없기 때문이다. 내가 나무를 보고 있다. 나는 시각 경험을 통해 나무라는 외부 세계가 있다고 믿는다. 이때 외부 세계에 대한 나의 믿음의 근거가 되는 것은 시각 경험이라는 데이터밖에 없다. 그러나 회의론은 그런 데이터는 외부 세계가 없어도 슈퍼컴퓨터가 얼마든지 조작할 수 있다고 주장한다. 내가 외부 세계에 관해 어떤 경험을 해도 똑같은 경험을 슈퍼컴퓨터는 만들 수 있다. 그러므로 외부 세계 가설이 회의론보다 우리의 경험 데이터를 가장 잘 설명하는 가설이라고 말할 수 없는 것이다.

현대 미국의 철학자 보겔은 외부 세계 가설이 더 경쟁력 있는 가설이라는 재미있는 주장을 한다. 보겔은 서로 다른 대상은 같은 시간에 같은 장소를 차지할 수 없다는 것은 필연적 진리라고 말한다. 내가 나무 두 그루를 본다면, 두 나무는 같은 시간에 서로 다른 장소를 차지할 수밖에 없다. 그렇지 않겠는가? 외부 세계 가설은 이것을 설명할 수 있다. 슈퍼컴퓨터는 두 나무의 경험을 컴퓨터 안의 좌표에 부여할 것이다. 그런데 컴퓨터는 서로 다른 대상에 동일한 3차원 좌표 (x, y, z)를 부여하는 것이 이론적으로 가능하다. 여기서는 외부 세계 가설과 달리 서로 다른 대상은 같은 시간에 같은 장소를 차지할 수 없다는 것이 필연적 진리가 아니므로 슈퍼컴퓨터는 서로 다른 대상에 같은 좌표를 부여하지 말라는 규칙을 추가로 가정해야 한다. 그러면 회의론은 외부 세계 가설보다 같은 것을 설명하기 위해 더 복잡한 것을 가정해야 하고, 이는 오컴의 면도날(☞19장)에 따르면 경쟁력을 잃는 가설이 된다. 그래서 보겔은 최선의 설명으로의 추론에 따르면 외부 세계 가설이 더 경쟁력 있고, 회의론을 배제할 수 있다고 주장한다.

짐작하겠지만, 이 논쟁은 보겔의 의도대로 쉽게 해결되지 않는다. 회의론자들은 그런 필연적 진리를 가정하는 외부 세계 가설이 같은 것을 설명하기 위해 더 복잡한 것을 가정한다고 말할 테니까 말이다. 스캔들은 쉽게 해결되지 않는다.

과학적 실재론

회의론은 외부 세계 전체를 의심하지만, 철학에서는 외부 세계 중 일부를 선택적으로 의심하는 회의론이 쌔고 쌨다. '전반적' 회의론이 아니라 '국지적' 회의론이라고 해야 할까? 다른 사람의 마음이 있는지 알 수 없다는 회의론, 보편자는 존재하지 않는다는 유명론, 귀납이나 인과 관계는 사실 없다는 회의론, 도덕적 실재는 없다는 도덕 회의론 따위가 그것이다. 신은 존재하지 않는다고 주장하는 회의론자(특별히 이런 사람을 '스켑틱'이라고 부른다)도 있지만, 이것은 일반인 중에도 많으니 그리 신기한 것은 아니다.

현대 과학은 전자나 양성자나 중성자와 같은 작은 입자, 곧 소립자를 가정하지 않고는 성립될 수 없다. 그런데 이런 소립자가 존재한다는 것을 의심하는 회의론자들이 있다. 다름 아니라 그런 입자를 직접 관측하는 것이 불가능하고, 그래서 그런 것들이 실재한다고 가정하는 이론(쿼크 이론)이 옳은지 그른지 경험적으로 판단할 수 없기 때문이다. 여기서도 최선의 설명으로의 추론이 필요하다. '과학적 실재론'은 그런 소립자가 틀림없이 존재한다고 주장한다. 과학적 실재론자들은 과학의 역사에서 소립자가 실제로 존재한다고 가정하는 이론이 성공했다는 사실에 주목한다. 만약 그것이 실제로는 없는데 과학 이론이 성공했다면 그것은 우연이나 기적이 아니겠는가? 별의 운행과 관련하여 점성술의 설명보다는 천문학 이론이 훨씬 더 성공적이기에 점성술보다 천문학을 받아들이는 것처럼, 소립자를 직접 관찰할 수는 없지만 그것이 실재한다고 가정했을 때 그렇지 않았을 때보다 원자 핵 속의 미시 물리 현상을 훨씬 잘 설명한다는 것이다. 최선의 설명으로의 추론에 따르면 과학적 실재론이 옳다고 믿을 충분한 이유는 있는 것이다.*

철학 익힘

* 최선의 설명으로의 추론과 과학적 실재론 관련 내용은 2005 MEET/DEET 언어추론 38~40번 문항을 참고하라.

문제. 다음 글에 나타난 견해를 비판하는 논거로 가장 적절한 것은?

음모론은 기존에 알려진 사실들을 그 이면에 숨겨진 원인으로 설명하는데, 음모론에 등장하는 가설들은 상식에 비춰볼 때 너무 예외적이어서 많은 경우 터무니없다는 반응을 불러일으킨다. 그렇지만, 어떤 사람들은 음모론 속 가설들이 기존 사실들을 무척 잘 설명한다는 것을 근거로 그 가설이 참이라고 생각하기도 한다. 그럼, 그런 높은 설명력을 가진다는 것이 음모론에 등장하는 가설에 대한 과학적 근거라고 할 수 있는가?

사실, 과학적 추론들 중에도 가설의 뛰어난 설명력을 근거로 가설의 채택 여부를 결정하는 것이 있다. 그런 추론은 흔히 '최선의 설명으로의 추론'이라고 부른다. 이 추론은 기존 증거를 고려하여 가장 그럴듯한 가설, 즉 해당 증거에 대해서 가장 개연적인 설명을 제공하는 가설을 골라낸다. 이와 더불어 그 추론은 가설의 이론적 아름다움, 즉 단순성과 정합성 등을 파악하여 미래 증거에 대해서도 가장 좋은 설명을 제공할 것 같은 가설을 찾아낸다. 이렇듯 최선의 설명으로의 추론은 기존 증거와 미래 증거를 모두 고려하여 가장 그럴듯하면서도 아름다운 가설을 채택하는 과정이다.

이런 점을 생각해볼 때, 음모론 속 가설의 설명력이 그 가설에 대한 과학적 근거를 제공하지 못한다는 것은 분명하다. 왜냐하면 그런 가설들은 예외적인 원인을 이용하여 기존 증거에 대해서는 놀라운 설명을 제공하지만, 그 예외적인 원인의 뛰어난 설명력을 유지하기 위해서 복잡하고 비정합적일 수밖에 없게 되어 미래 증거에 대한 올바른 설명을 제공할 수 없기 때문이다.

① 기존 증거를 잘 설명하는 음모론의 가설들은 미래에 대한 예측의 부정확성이 높을 뿐 예측 자체를 못하는 것은 아니다.
② 과학사에 등장했던 이론적으로 아름다운 가설들은 대개 기존 증거들에 대해 충분히 개연적인 설명을 제공하는 가설들이었다.
③ 몇몇 놀라운 과학적 성취는 그 초기에 기존 증거들을 제대로 설명하지 못했지만 그것의 뛰어난 이론적 아름다움 때문에 일부 과학자들에게 채택되기도 했다.
④ 기존 증거들을 잘 설명하지만 복잡한 형태로 제시된 가설들이 후속 연구에 의해서 설명력을 훼손하지 않은 채 이론적으로 단순하고 아름다워지는 경우가 많다.
⑤ 음모론에 등장하는 가설에 대한 사람들의 믿음은 그 가설이 갖추고 있는 과학적 근거보다는 그것을 믿게 되었을 때 얻을 수 있는 정신적 혹은 사회적인 이익에 의해서 결정된다.

(2016 LEET 추리논증 23번 문항)

음모론은 4장과 19장에서 나온 주장이다. 역사에서 항상 있어 왔지만 현대에는 '기후 변화 회의론', '백신 반대 운동', '아폴로 달 착륙 조작설' 따위가 기승을 부린다. 음모론을 받아들일 수 없는 것도 최선의 설명으로의 추론으로 설명 가능하다. 위 지문의 3문단에서 말하듯이 음모론의 가설은 예외적인 원인으로 그럴듯하게 설명하는 것처럼 보이지만, 그 예외적인 원인의 뛰어난 설명력을 유지하기 위해서는 복잡하고 비정합적일 수밖에 없어서 미래 증거는 올바르게 설명할 수 없기 때문이다.

방금 말한 점이 위 문항을 푸는 데 단서가 된다. 기존 증거들은 잘 설명하지만 미래를 포함한 다른 증거를 설명할 때는 복잡하고 비정합적일 수밖에 없기에 음모론은 최선의 설명이 될 수 없다고 했는데, 그러면 후속 연구에 의해 그 복잡성이 없어지고 단순하고 정합적이 될 수도 있지 않을까? 기존 증거에 대한 설명력은 여전히 유지한 채 말이다. 그러면 더 이상 음모론이라고 부르지도 않을 것이다. 이것이 바로 ④가 말하는 바이므로, ④가 가장 적절한 반박이다.

21. 연역과 귀납

왜 이제서야 연역과 귀납을

 철학자들이 쓰는 생각법과 논증법을 주제로 한 책에서 가장 중요한 연역과 귀납에 관해 막상 말하지 않았다. 심지어 12장에서 귀류법은 연역 논증이기 때문에 결론이 틀릴 수 없다고 말하면서, 왜 그런지 설명하지 않고 알고 싶으면 뒤에 나오는 장을 보라는 만행을 저질렀다. 논증은 크게 연역과 귀납으로 구분된다. 방금 말한 귀류법이나 딜레마(☞17장)는 연역 논증 중 하나이다. 유비(☞15장)나 최선의 설명으로의 추론(☞20장)은 귀납 논증 중 하나이다. 이 책이 철학자들이 실제 쓰는 논증을 보여 주려는 데 의도가 있는데, 딜레마나 유비처럼 구체적인 논증을 소개해야 철학자의 논증에서 어떤 논증이 쓰였는지 구분해 볼 수 있고 스스로도 써먹을 수 있다. 연역이니 귀납은 이런 개별 논증들을 아우르는 큰 개념이므로 알아도 큰 도움이 안 된다고 생각했던 것이다. 농구로 비유하자면 농구를 잘하기 위해서는 드리블, 패스, 슛, 피벗 따위의 구체적인 기술을 배워야지, 수비(디펜스)와 공격(오펜스)을 배워서는 안 되는 것이나 (그런 것을 배울 수도 없지만) 마찬가지이다. (어떤 농구 감독이 작전 타임에 선수들에게 다음과 같은 지시를 내리는 것이 중계에 잡힌 적이 있다. "지금 너희들이 안 되고 있는 게 딱 두 가지가 있다. 디펜스랑 오펜스야!")

그래도 책을 쓰다 보니 연역과 귀납을 알면 개별 논증들을 이해하는 데도 도움이 될 것 같다는 생각이 들었다. 그리고 명색이 논증을 소개하면서 연역과 귀납을 언급하지 않는 것도 이상하다고 생각했고. 그래서 철학자의 논증들을 시작할 때가 아니라 오히려 마치면서 연역과 귀납을 다루게 되었다. 어떻게 보면 연역과 귀납을 미리 설명하면 실감이 안 날 수 있지만, 개별 논증을 안 다음에 이해하면, "아, 이게 그래서 그랬구나!"라고 말할지도 모른다는 말로 뒤늦은 설명을 변명해 본다.

> [꿀팁] 앞 장에서 귀추의 영어인 abduction은 일상 언어에서는 '납치'라는 뜻이라고 말한 것처럼, 연역과 귀납의 영어인 deduction과 induction도 일상 언어에서는 각각 '(세금)공제'와 '전기 조리 기구'의 뜻이다. 무엇인가를 빼내거나(deduce), 전기를 유도하는(induce) 것이 연역, 귀납과 비슷한 행동으로 인식되는 것 같다.

연역과 귀납의 정의

논증은 전제가 결론을 뒷받침하는 구조이다. 연역과 귀납은 그때 전제가 결론을 뒷받침하는 정도에 따라 구분한다. 전제가 참이라고 가정하자. 이때 결론이 거짓일 가능성이 전혀 없으면 '연역', 결론이 거짓일 가능성이 조금이라도 있으면 '귀납'이다. 다음은 아주 유명한 연역 논증의 예이다.

> 모든 인간은 죽는다. 소크라테스는 사람이다. 따라서 소크라테스는 죽는다.

첫 번째 전제와 두 번째 전제가 참이면 결론은 거짓이 될 가능성이 전혀 없다. 반면에 다음 논증은 귀납이다.

> 인간이 지금까지 관찰한 까마귀는 모두 검다. 따라서 모든 까마귀는 검다.

[꿀팁] "모든 인간은 죽는다."라고 할 때 '죽는다'는 정확히 말하면 '죽을 운명이다'라는 뜻이다. 지금 죽는다는 말이 아니라 언젠가는 죽는다는 말이다. 영어로는 mortal인데, 이를 '가사적(可死的)'이라는 한자어로 번역하는 사람도 있다. 죽는 것은 참 '못할' 짓이다. 그래서 모탈(mortal)이다.

전제가 참이라면 결론이 참일 가능성이 매우 높기는 하다. 그러나 거짓이 될 가능성은 있다. 인간이 미처 관찰하지 못한 까마귀나 앞으로 태어날 까마귀도 검을지는 알 수 없기 때문이다. 12장에서 귀류법을 말할 때 살펴보았지만, "인간이 지금까지 관찰한 고니는 모두 희다."라는 전제가 참이었어도, 희지 않은 고니가 있는 일이 실제로 일어났다. 물론 고니와 다르게 검지 않은 까마귀는 없을지도 모른다. 그러나 적어도 그런 까마귀가 없다는 보장이 없다. 전제가 참이라고 할 때 결론이 거짓일 가능성이 있다는 것은 그런 의미이다.

연역과 귀납의 이상한 정의

그런데 일상 언어에서 연역과 귀납은 좀 다른 의미로 정의된다. 연역은 일반적인 것에서 개별적인 것을 이끌어 내는 추론이고 귀납은 그 반대의 추론으로 알려져 있다. 그러나 이런 설명은 틀렸다. 다음 논증을 보자.

소크라테스가 사람이면 소크라테스는 죽는다. 소크라테스는 사람이다. 따라서 소크라테스는 죽는다.

이 논증은 전건 긍정법이라고 하는 연역 논증이다. 두 전제가 참이라면 결론은 거짓일 수 없다. 그러나 이 논증은 일상 언어의 정의와 달리 개별적인 것에서 개별적인 것을 이끌어 내고 있다. 이번에는 다른 논증을 보자.

소크라테스는 사람이고 죽는다. 플라톤은 사람이고 죽는다. 아리스토텔레스는 사람이다. 따라서 아리스토텔레스는 죽는다.

이 논증은 전제가 참이라고 하더라도 결론은 거짓일 수 있다. 곧 귀납 논증이다. 그러나 일상 언어의 정의와 달리 개별적인 것에서 개별적인 것을 이끌어 낸다. 따라서 개별적인 것과 일반적인 것 사이의 도출 관계를 가지고 연역과 귀납을 정의하는 것은 잘못이다. 그런데 아직도 표준국어대사전이나 고등학교 국어 교과서에 이런 식으로 정의가 되어 있다.*

가장 흔한 귀납 논증은 개별적인 사례들에서 보편적인 것을 추론하는 일반화 논증이다. 아마 이것을 귀납의 대표 논증으로 생각하다 보니 귀납을 개별적인 것에서 일반적인 것을 이끌어 내는 논증이라고 정의하는 듯하다. 그러나 귀납에는 일반화 논증 외에도 통계적 일반화, 유비 논증(☞15장), 인과 논증, 최선의 설명으로의 추론(☞20장) 등 여러 가지가 있다.

연역과 귀납의 장단점

전제가 참이라고 가정할 때 결론이 거짓일 가능성이 연역은 전혀 없고 귀납은 조금이라도 있으니, 연역이 귀납보다 좋은 논증일까? 그렇지 않다. 각각의 장단점이 있다. 연역은 방금 말한 대로 전제가 참일 때 결론이 확실하다는 장점이 있지만, 그 대신에 전제에 없는 새로운 정보를 결론에서 말하지 않는다. 전제가 참일 때 결론이 확실한 이유는 이미 전제에 다 들어 있는 정보를 다만 새로운 시각에서 보여 주기만 하기 때문이다.

반면에 귀납은 전제가 참일 때 결론이 거짓일 가능성이 있으므로 확실성은 없다. 물론 결론이 거짓일 가능성이 크면 쓸모없는 논증일 것이다. 그러나 위 까마귀 논증처럼 결론이 비록 거짓일 가능성이 있더라도 참일 가능성이 꽤 크면 개연성이 높은 좋은 논증이 된다. 더구나 연역과 달리 결론에서 세상에 대해 새로운 정보를 제공해 준다. 인간이 지금까지 관찰한 까마귀를 넘어서 관찰하지 못한 까마귀까지 포함해 모든 까마귀는 검다고 주장하니 얼마나 큰 새로운 정보를 주는가? 마법과 같은 추론이다. 다만 그 대가로 거짓일 위험이 도사리고 있다. 논증에서 확실성과 새로운 정보, 이 모두를 줄 수는 없다. 교통도 좋고 공기도 좋은 곳은 없다.

너무 흔한 연역 논증들

논리학을 공부하다 보면 연역 논증의 예로 전건 긍정법(modus ponens), 후건 부정법(modus tollens), 연언 제거, 선언 도입 따위의 여러 가지를 배우게 된다. 당연히 철학자들도 이런 논증을 쓴다. 그러나 이런 논증은 너무 간단해서 이것만 가지고 전체 논증을 구성하는 일은 별로 없다. 있다고 해도 이 정도이다.

> 동일론이 옳다면 정신의 특별한 측면까지 설명할 수 있다.
> 동일론은 정신의 특별한 측면을 설명하지 못한다.
> 따라서 동일론은 옳지 않다.

이것은 "P이면 Q이다. Q가 아니다. 따라서 P가 아니다."라는 후건 부정법의 형식을 따르고 있다. 그러나 이런 후건 부정법은 일상생활에서도 흔히 쓰고 있으므로, 굳이 철학자의 논증이라고 배울 만한 것은 아니다. 후건 부정법이 중요하지 않은 논증법이라는 것이 아니라, 철학자만이 대단하게 쓰는 논증은 아니라는 것이다.

오류인 연역

한 가지 재미있는 것은 11장에서 살펴본 선결문제 요구의 오류도 연역이라는 것이다. 가장 극단적인 형태의 선결문제 요구의 오류는 "A는 A이다."이다. A라는 전제가 참이라면 A라는 결론은 거짓일 가능성이 전혀 없으니 이는 아주 '훌륭한' 연역 논증이다. 그런데 왜 오류라는 말인가?

연역은 결론에서 전제에 없는 새로운 정보를 제공해 주지는 않지만, 그래도 복잡한 전제에 있는 내용을 새로운 관점에서 보게 해 준다. 그러나 "A는 A이다."는 그런 역할도 하지 못한다. 전제가 결론을 뒷받침하는 것이 논증이라고 할 때, 결론은 연역처럼 전제에 있는 것을 새로운 관점에서 보게 해 주거나, 귀납처럼 전제를 넘어서 새로운 정보를 제공해 주어야 한다. 선결문제 요구의 오류는 어떤 역할도 하지 못하므로 오류이다.

갑자기 놀라지 않을 수 없는 일

철학이나 논리학을 공부할 때는 물론이고 수능이나 LEET를 비롯한 각종 시험을 위해 논증을 학습하면서 연역과 귀납을 공부한다. 이게 무슨 쓸모가 있을까? 나는 연역과 귀납을 통해서 배워야

할 점은 연역처럼 결론이 확실하면서 전제에 있는 것을 새로운 관점에서 보게 해 주거나, 귀납처럼 전제를 넘어서 새로운 정보를 제공해 주는지 판단하는 능력이라고 생각한다. 결론으로 제시된 주장이 거짓일 가능성은 전혀 없는가? 그러면서도 하나 마나 한 소리가 아니라 뭔가 새로운 관점에서 보게 해 주는가? 결론이 거짓일 가능성은 있지만 그래도 개연성 있게 새로운 정보를 주는가?

흄은 『인간 본성에 대한 논구』의 3권 1부 1절 마지막에서 다음과 같이 말한다.

> 그런데 이런 책을 읽다가 갑자기 놀라지 않을 수 없는 때가 있는데, 그건 내가 명제의 통상적 서술 방식인 "이다"(is)와 "아니다"(is not) 대신에 순전히 "해야 한다"(ought), "해서는 안 된다"(ought not)는 방식으로 표현된 명제들을 상대하고 있다는 사실을 깨닫는 순간이다. 이 변화는 알아차릴 수 없게 일어나지만 정말 결정적으로 중요한 변화다. 왜냐하면 이 "해야 한다"나 "해서는 안 된다"는 말은 무언가 새로운 관계나 주장 내용을 표현하고 있으므로 이 관계나 주장 내용이 반드시 확인되고 설명될 필요가 있으며, 그뿐 아니라 가능한 답이 전혀 상상조차 되지 않은 한 가지 문제 즉 이 새로운 관계가 어떻게 그와 전혀 다른 것에서 연역될 수 있는가라는 물음에 대한 답이 제시되어야 할 필요가 있기 때문이다. (새몬, 『논리학』[곽광제 옮김]에서 재인용)

자연적 사실에서 도덕적 의무가 도출될까? 이 세상이 이러이러하다고(is) 하더라도 이러이러해야 한다는(ought) 것이 도출될까? 예를 들어 성인 여자가 임신할 수 있다는 것은 자연적 사실이다. 그렇다고 해서 성인 여자가 아이를 반드시 낳아야 한다는 도덕적 의무가 도출될까? 이 책에서는 이미 5장에서 무어가 열린 질문 논증으로 이것을 비판했음을 보았다. 그런데 무어에 앞서 흄은 is(존재)에서 ought(당위)가 도출되는 것은 연역이 아니라고 말했다. 그 도출은 "무언가 새로운 관계나 주장 내용을 표현하고 있"다는 것이다. 따라서 성인 여자가 임신할 수 있다고 해서 반드시 그래야 한다고 주장하기 위해서는 별도의 논증(귀납 논증)이 필요하다. 그런데도 당연히 연역되는 것처럼 슬그머니 말하는 것은 "갑자기 놀라지 않을 수 없는" 일이다.*

> [꿀팁] 4장에서 상식에 의해 회의론에 반대하는 논증을 했던 무어는 자연적 사실에서 도덕적 의무를 이끌어 내리는 시도에 '자연주의의 오류'라는 이름을 붙였다. 8장에서 말한 바로 그 자연주의이다. 거기서도 말했지만 철학자들은 자연주의에 저항이 심하다.

철학자들은 귀납 논증을 쓰지 않는다. 이 점은 수학자나 마찬가지이다. (심지어 수학적 귀납법도 연역이다.) 물론 철학자는 귀납 논증을 연구의 대상으로는 삼는다. 11장에서 귀납이 정당화되지 않는다는 흄의 주장도 살펴보지 않았는가? 그리고 철학의 분과 중 과학 철학의 주요 주제 중 하나는 귀납 논증을 연구하는 것이다. 그러나 철학자들 스스로는 귀납 논증을 쓰지는 않는다. '철학자의 생각법'에서 누누이 강조했듯이 철학자는 경험적 연구를 하지 않기 때문이다. 그리고 과학자들은 개연성이 높은 논증으로 충분하다고 생각하지만 철학자들은 확실성이 없는 논증은 사고 실험 따위로 바로 반박하기 때문이다. 물론 논증하는 과정에서 특정 데이터를 확인하기 위해 귀납 논증에서 얻은 결과를 쓰기는 하겠지만 그것은 과학자의 연구 결과를 가져다 쓰는 것뿐이다. 그런 이유로 열거에 의한 귀납, 통계적 일반화, 인과 논증 따위가 귀납 논증을 대표하는 논증임에도 불구하고 이 책에서 따로 소개하지 않은 이유이다. 아, 귀납 논증 중 유비(☞15장)와 최선의 설명으로의 추론(☞20장)은 아주 즐겨 쓴다. 이건 경험적 관찰과 실험이 필요한 논증은 아니니까. 또 여전히 귀납 논증이므로 결론이 확실하지 않고 개연성이 높기는 해도 그 논증을 쓰는 당사자는 반박당하지 않는다고 생각하니까.

철학 익힘

* 연역과 귀납의 구분에 관한 지문은 2011 수능 6월 모의평가 21~22번과 2013 수능 21~24번에서 출제되었다.

문제. 다음 글의 ㉠과 ㉡에 대한 평가로 적절한 것만을 〈보기〉에서 모두 고르면?

연역과 귀납, 이 두 종류의 방법은 지적 작업에서 사용될 수 있는 모든 추론을 포괄한다. 철학과 과학을 비롯한 모든 지적 작업에 연역적 방법이 필수적이라는 것을 부정하는 사람은 아무도 없다. 귀납적 방법의 경우 사정은 크게 다르다. 귀납적 방법이 철학적 작업에 들어설 여지가 없다고 믿는 사람이 있는가 하면, 한 걸음 더 나아가 어떠한 지적 작업에도 귀납적 방법이 불필요하다고 주장하는 사람들도 있다.

㉠귀납적 방법이 철학이라는 지적 작업에서 불필요하다는 견해는 독단적인 철학관에 근거한다. 이런 견해에 따르면 철학적 주장의 정당성은 선험적인 것으로, 경험적 지식을 확장하기 위해 사용되는 귀납적 방법에 의존할 수 없다. 그러나 이런 견해는 철학적 주장이 경험적 가설에 의존해서는 안 된다는 부당하게 편협한 철학관과 '귀납적 방법'의 모호성을 딛고 서 있다. 실제로 철학사에 나타나는 목적론적 신 존재 증명이나 외부 세계의 존재에 관한 형이상학적 논증 가운데는 귀납적 방법인 유비 논증과 귀추법을 교묘히 적용하고 있는 것도 있다.

㉡모든 지적 작업에서 귀납적 방법의 필요성을 부정하는 견해는 중요

한 철학적 성과를 낳기도 하였다. 포퍼의 철학이 그런 사례 가운데 하나이다. 포퍼는 귀납적 방법의 정당화 가능성에 관한 회의적 결론을 받아들이고, 과학의 탐구가 귀납적 방법으로 진행된다는 견해는 근거가 없음을 보인다. 그에 따르면, 과학의 탐구 과정은 연역 논리 법칙에 따라 전개되는 추측과 반박의 작업으로 이루어진다. 이런 포퍼의 이론은 귀납적 방법의 필요성에 대한 전면적인 부정이 낳을 수 있는 흥미로운 결과 가운데 하나라고 할 수 있다.

〈보기〉

ㄱ. 과학의 탐구가 귀납적 방법에 의해 진행된다는 주장은 ㉠을 반박한다.
ㄴ. 철학의 일부 논증에서 귀추법의 사용이 불가피하다는 주장은 ㉡을 반박한다.
ㄷ. 연역 논리와 경험적 가설 모두에 의존하는 지적 작업이 있다는 주장은 ㉠과 ㉡을 모두 반박한다.

① ㄱ
② ㄴ
③ ㄱ, ㄷ
④ ㄴ, ㄷ
⑤ ㄱ, ㄴ, ㄷ

(2021 PSAT 언어논리 14번)

LEET나 PSAT 같은 시험에서 연역과 귀납의 사례를 묻는 단순한 형식의 문항은 시험 시행 초기에 가끔 출제되기는 했다. 위 문항은 연역과 귀납을 다루면서도 본문에서 언급한 주제를 거론한다는 점에서 흥미롭다. ㉠이 본문에서 내가 말한 입장과 비슷하다. 결정적으로 다른 것은 철학에서도 유비 논증이나 귀추법(최선의 설명으로의 추론)과 같은 귀납 논증을 '교묘히' 적용한다고 보는 게 아니라 당당히 쓴다고 보는 점이다. 다만 "철학적 주장의 정당성은 선험적"이라고 본다는 지적에는 전적으로 동의하는데, 그런 점에서 철학자들은 주로 연역 논증을 쓰고, 유비 논증이나 귀추법 같은 귀납 논증도 선험적 정당성을 기대하며 쓴다고 말했다.

어쨌든 철학이든 과학이든 연역 논증은 모두 쓰는데, ㉠은 과학은 말할 것도 없고 철학에서도 귀납 논증을 쓴다는 주장이고 ㉡은 철학은 말할 것도 없고 과학에서도 실은 연역 논증만 쓴다는 주장이다. 과학의 탐구가 귀납적 방법으로 진행된다는 것을 ㉠은 받아들이고 있으니 ㄱ은 적절하지 않다. ㄴ은 철학에서도 귀납 논증을 사용한다는 진술이니 ㉡을 반박한다. ㄴ은 적절하다. ㉠은 철학이나 과학 모두 연역과 귀납을 모두 쓴다는 주장이고, ㉡은 철학과 과학 모두 연역만 쓴다는 주장이다. 그러니 연역 논리와 경험적 가설 모두에 의존하는 지적 작업이 있다는 주장은 ㉡만 반박한다. 따라서 ㄷ은 적절하지 않다. 정답은 ②이다.